Mensa® 门萨谜题

挑战你的大脑

★ 高效记忆 ★

[英]加雷思·穆尔 著　　常方圆 译

晨光出版社

图书在版编目（CIP）数据

高效记忆 /（英）加雷思·穆尔著；常方圆译. --
昆明：晨光出版社, 2024. 8. --（挑战你的大脑）.
ISBN 978-7-5715-2392-3

Ⅰ. G898.2

中国国家版本馆 CIP 数据核字第 2024BT3920 号

Mensa Train Your Brain – Memory
Puzzles and Design © 2023 Welbeck Non-Fiction,
part of Welbeck Publishing Group
All rights reserved.

著作权合同登记号 图字：23-2024-023 号

Mensa 门萨谜题

TIAOZHAN NI DE DANAO GAOXIAO JIYI

挑战你的大脑 ★高效记忆★

[英] 加雷思·穆尔 著　常方圆 译

出 版 人	杨旭恒
选题策划	云海燕
责任编辑	杨亚玲
出　　版	晨光出版社
地　　址	昆明市环城西路 609 号新闻出版大楼
邮　　编	650034
发行电话	（010）88356856　88356858
印　　刷	固安兰星球彩色印刷有限公司
经　　销	各地新华书店
版　　次	2024 年 8 月第 1 版
印　　次	2024 年 8 月第 1 次印刷
开　　本	170mm×240mm　16 开
印　　张	13
字　　数	158 千
ISBN	978-7-5715-2392-3
定　　价	58.00 元

退换声明：若有印刷质量问题，请及时和销售部门（010-88356856）联系退换。

认识一下门萨俱乐部

门萨（Mensa）是全球高智商人群俱乐部，在全世界一百多个国家和地区拥有超过十四万名会员。在门萨俱乐部，你可以找到与你一样热爱脑力活动的朋友，一起玩遍各种智力游戏，一起学习新的知识，一起成长并且收获友谊。

门萨的宗旨：
- 为门萨会员提供具有激发性的学术和社会环境。
- 发现高智商人才，培养人类智力并造福人类。
- 支持关于智力本质、特点及其运用的研究。

IQ 分数位于前 2% 的人，才有资格成为门萨会员——你是我们在找的那五十分之一吗？

门萨会员能够享受到很多福利：
- 全世界范围内的会员网络与社交活动。
- 特别兴趣小组：让你有更多机会做你喜欢的事情——从艺术到动物学。
- 会员月刊和地区简讯。
- 本地会议：从游戏挑战赛到美食探索。
- 全国性和世界性周末聚会和活动——找到与你一样聪明的朋友。
- 启发思维的讲座和研讨会——活到老学到老。
- 门萨 SIGHT 网：为有旅行计划的门萨会员提供信息、向导和接待的服务。

联系方式：
查询关于门萨的更多信息，可登录 www.mensa.org。

前言

欢迎来到《挑战你的大脑·高效记忆》！书中包含不同类型的谜题近200个，从记忆物品清单、文字、视觉图像，到记忆数字和心算，涵盖了多种记忆技能。

全书分为八章，每章开篇都会给出一些训练记忆的建议，以及一系列与之相关的主题。书中首先介绍了记忆力，并解释了短期记忆、长期记忆和程序性记忆之间的区别。随后的大部分章节都在介绍各种记忆技巧，你可以将它们添加到你的思维工具箱中为己所用，从而在本书之外构建一座先进的记忆宫殿。

我建议你按照这本书的顺序从头开始挑战，因为谜题难度会随着你的进阶挑战而加大，要求你记忆的内容也会逐章增加。因此，从接近结尾的地方开始记忆是没有意义的。此外，有少量的记忆任务会要求你记忆前几章的信息后才能作答，因此你必须先完成前面的谜题。但是请放心，这样的任务会在相关谜题的开头就清楚地标明。

几乎所有谜题都涉及记忆和回忆两个独立的部分。不要轻易跳过那些令人生畏的谜题，这些谜题可能会给你带来很棒的心智锻炼。

根据你的经验，你可能会发现要求你记忆和回忆的信息量超出了你的能力。如果是这种情况，你可以通过多次记忆来完成一道题：**尽可能地记住并回忆起你所能记住的信息，然后回去重复记忆任务，在第二次（或第三次……）时完成题目。**

除少数特例外，本书最后的答案部分都没有给出解题方法。因为从谜题的上下文来看，记忆类谜题的解题方法通常是显而易见的。一些视觉谜题的解法会在书后给出答案，以供参考。除此之外，你还可以回到"记忆"部分，看看自己做得如何。

如果你不知道如何巧妙地完成大段的背诵任务，那就只能尽力去背诵。当你开始建立自己的心智工具包来处理各种类型的信息时，你会发现曾经非常棘手的问题也会变得出奇简单。你可能会惊讶于自己的大脑对记忆训练的反应能力。事实上，记忆训练是大脑训练中为数不多的拥有可靠科学数据支撑的领域。练习使用记忆力确实对你有很大的帮助。

最后，虽然你的大脑确实喜欢新奇事物，但还要注意的是，大脑在遇到挫折时并不能很好地学习。如果在某一时刻你发现自己已经到极限了，那就把书放下，明天再来看。

最重要的是，请记住要玩得开心！

加雷恩·穆尔 于伦敦

目 录

第 1 章　认识你的记忆力 …………… 1
第 2 章　记忆的类型 …………… 25
第 3 章　记忆的要领 …………… 49
第 4 章　常见的记忆技巧 …………… 73
第 5 章　更多常见的记忆技巧 …………… 95
第 6 章　记忆技巧的运用 …………… 117
第 7 章　记忆宫殿 …………… 141
第 8 章　不断练习，挑战自我 …… 163
参考答案 …………… 184

第 1 章 认识你的记忆力

无论你是在写购物清单，开车去超市，还是在努力回忆刚刚在公园偶遇的老同学的名字，你的记忆力都是你做事的关键。大多数时候，你并不会直接意识到你有多依赖你的记忆力，但无论你在做什么，你都会利用它来重新应用以前的经验和知识。这些记忆可以帮助你探索新的道路，做出明智的选择。但是，由于记忆大多数时候是自动化的，所以我们通常不会太在意它。

我们经常听到有人说自己"记性不好"。也许他们忘了东西放在哪里，忘了寄生日贺卡，或者忘了参加过的活动的细节。但是，你真的天生记忆力差吗？撇开严重的疾病不谈，我们每个人都具有差不多的记忆能力，无论是短期记忆还是长期记忆。真正因人而异的是我们对记忆的运用程度。

运用记忆包括两个阶段：第一阶段，记住一些东西；第二阶段，能够在未来的某个时刻找到并回忆起这段记忆。如果你只能在大量相关事实的提示下才能记住某件事情，那么这种记忆就不如那些你能更轻松地回忆起的记忆有用。例如，某些记忆只有被一个相关联的想法或事件触发时，我们才能记起那些早已遗忘的事件。但我们也必须谨慎对待我们的记忆，因为记忆会随着时间的推移而改变。有时，我们的大脑会在我们没有意识到的情况下，用模棱两可的信息补全缺失的部分。另外，获取记忆的行为本身也有可能改变记忆，尤其是当这个记忆比较复杂时。

如果不直接长期使用或保存记忆，记忆往往会逐渐消失，其中最不重要的记忆（例如"我们晚餐吃了什么"这类记忆）通常消失得最快。要保存一套事实性记忆，比如如何使用一种外语，你就必须去使用你对这种外语的记忆；如果不去使用，它们就会慢慢消失。而且这种效应还具有普遍性，因此你越有意识地使用你的记忆，你的记忆力就会越强大。

然而，大多数人在日常工作中并不会费心地去明确记忆一些东西。原因很简单，因为我们觉得我们并不需要。在大多数人还不会读书写字的时代，人们不得不把大量的信息，包括事实和虚构的信息，储存在他们的记忆中。如今有了智能设备，我们几乎可以随身携带所有我们想要的信息，我们可以在屏幕上查找到重要的细节，而不是在我们的脑海里。

如果我们不再需要背诵任何东西，那么为什么还要锻炼记忆力呢？一个简单的答案是：这对你有好处。经常挑战大脑，记忆新信息，可以让大脑保持活跃，从而促进大脑健康。毕竟没有大脑，你就会迷失方向。我们所做的一切，无论如何，都要依靠记忆。因此，最好尽你所能地确保你的记忆力能保持平稳运行。

视觉记忆

1 格子重现

用十秒钟左右的时间记住下面的网格1,然后翻到谜题3,尽可能准确地在空白网格1中再现它。然后回到这里,继续记忆网格2,再翻到谜题3重现它。以此类推,记忆并重现网格3和网格4。

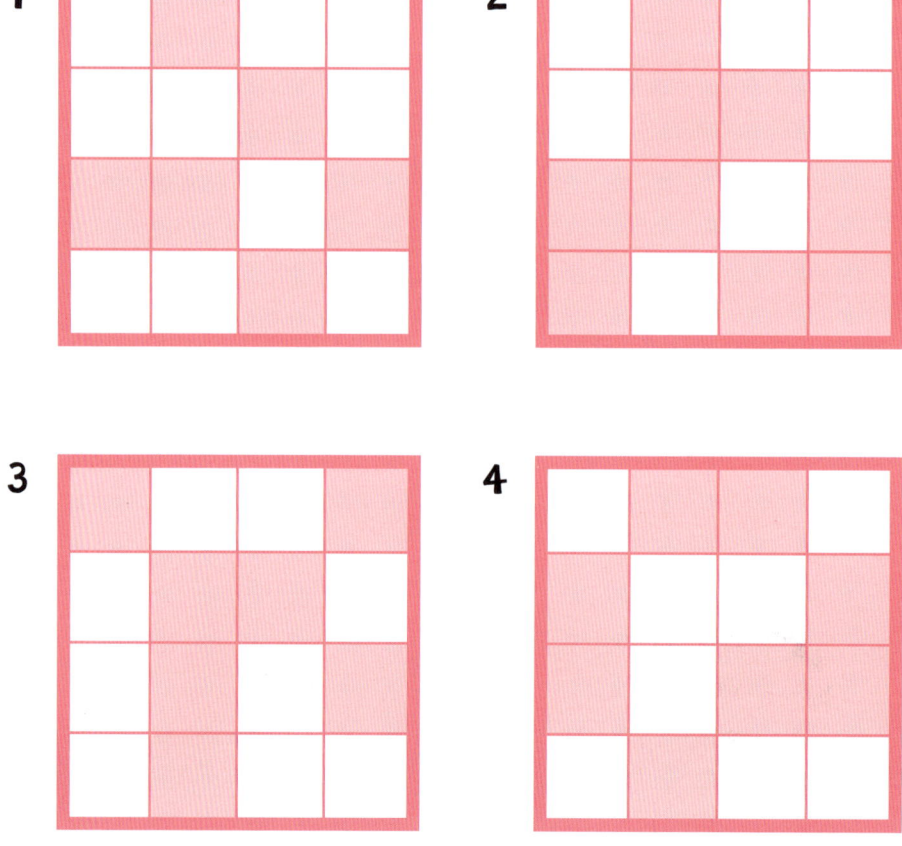

视觉记忆

2 你的名字

请记住下面五个人的名字,然后翻到谜题 4。

3 格子重现

请尽可能准确地重现谜题 1 中的网格。

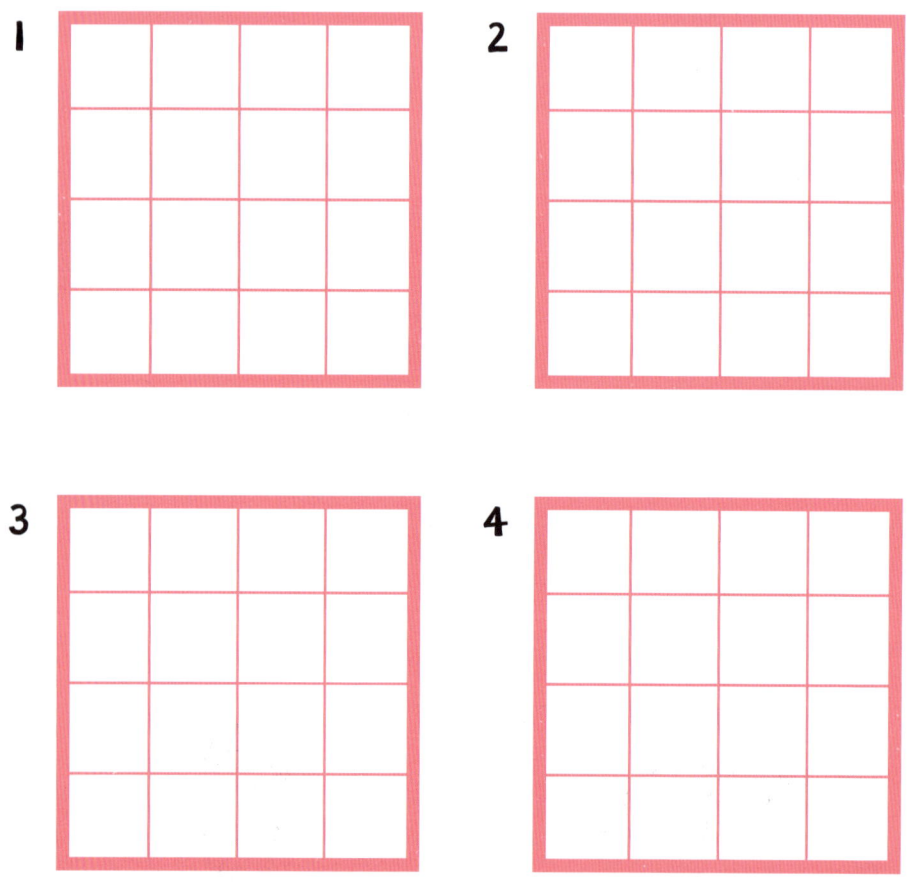

* 如果你还没有完成这四个网格,就回到谜题 1,继续记忆,直到准确重现所有网格。

视觉记忆

4 你的名字

你能回忆起谜题 2 中这五个人的名字吗?

_____

_____

_____

_____

_____

7

5 增加的词语

请用大约一分钟的时间记忆下面这些词语，然后翻到谜题 7。

胡萝卜

灾难

黄瓜

飞鸟

履带

调味品

侧手翻

烛台

走廊

视觉记忆

6 找不同

请记住下面这些物品，然后翻到谜题 8。

7 增加的词语

下面这些词语的排列顺序与谜题 5 中有所不同，且增加了三个新词语，请你把它们圈出来。

卷心菜

烛台

胡萝卜

侧手翻

灾难

履带

天花板

调味品

开瓶器

走廊

黄瓜

飞鸟

答案见 184 页

视觉记忆

8 找不同

如图所示，谜题 6 中的一些物品已经被替代品取代，请你把这些替代品圈出来。

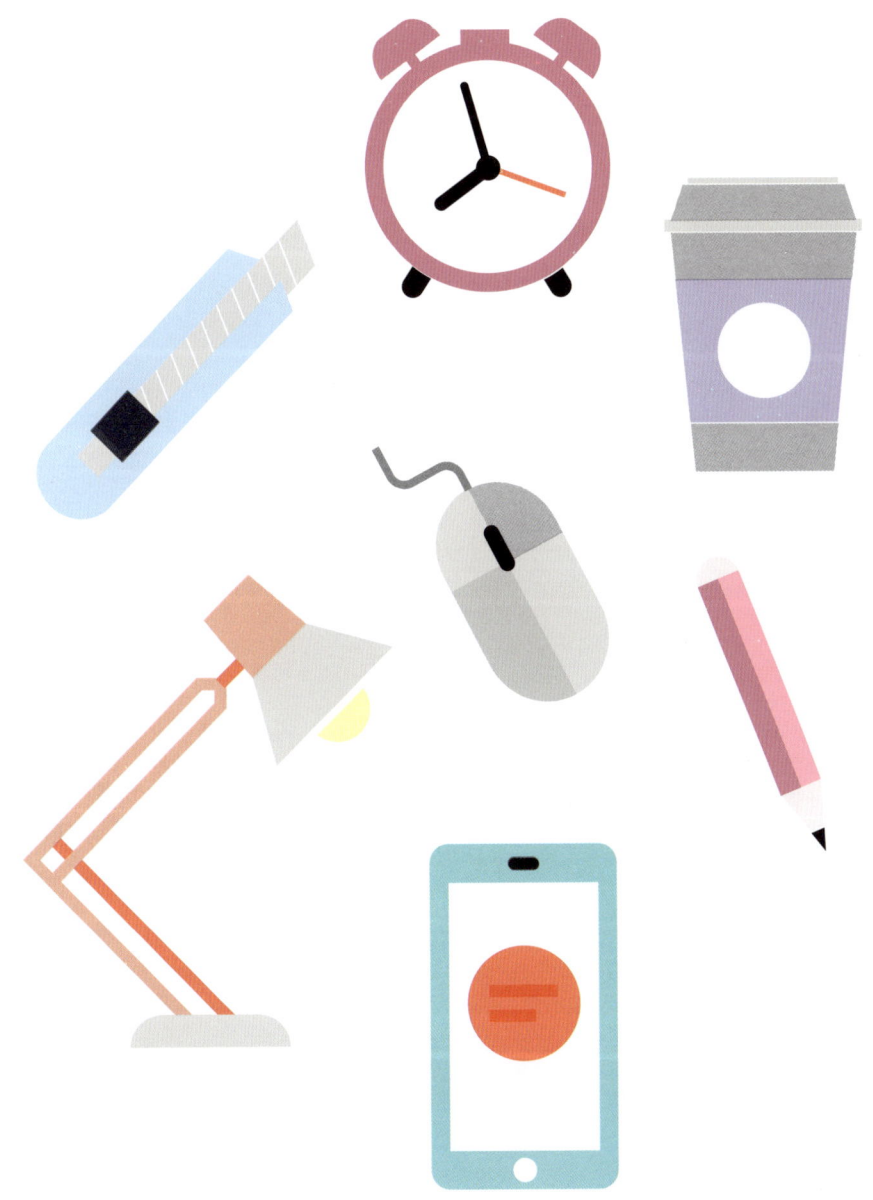

答案见 184 页

11

9 音标字母表

请花足够长的时间记住下面这份音标字母表，在本书的后面部分会用到它。（为了帮助理解，我们将英文代号的含义用中文进行了说明，无须记忆）

* 在日常工作和学习中，我们使用英文字母时往往会遇到这样的情况：你说的是"G"，对方听到的可能是"J"。在西方，当然也会遇到同样的问题。为此，20 世纪 50 年代，人们用当时欧美流行的事物名称或经典姓名等来标记 26 个字母。后来，它也被广泛应用于交通、商业领域，被称为"国际无线电通话拼写字母"。

字母	代号	含义	字母	代号	含义
A	ALFA	阿尔法，希腊字母表的第一个字母 α	N	NOVEMBER	十一月
B	BRAVO	太棒了	O	OSCAR	奥斯卡金像奖
C	CHARLIE	查理（人名）	P	PAPA	爸爸
D	DELTA	三角洲	Q	QUEBEC	魁北克（加拿大东部省）
E	ECHO	回声	R	ROMEO	罗密欧（人名）
F	FOXTROT	狐步舞	S	SIERRA	锯齿状山脉
G	GOLF	高尔夫	T	TANGO	探戈舞
H	HOTEL	酒店	U	UNIFORM	制服
I	INDIA	印度	V	VICTOR	胜利者
J	JULIETT	朱丽叶（人名）	W	WHISKEY	威士忌酒
K	KILO	千克	X	X-RAY	X 射线
L	LIMA	利马（秘鲁首都）	Y	YANKEE	美国佬
M	MIKE	迈克（人名）	Z	ZULU	祖鲁（南非黑人种族）

史实记忆

10 英国的君主

请记住这份按登基时间倒序排列的英国君主名单，然后翻到谜题 23。

伊丽莎白二世：1952 年

乔治六世：1936 年

爱德华八世：1936 年

乔治五世：1910 年

爱德华七世：1901 年

维多利亚：1837 年

威廉四世：1830 年

11 新元素

请记住下面这些物品,然后翻到谜题 14。

数字 / 视觉记忆

12 数字求和

首先记住第一组的三个数字，然后翻到谜题 15。
之后回到这里继续记忆第二组数字。

13 数字与颜色

记住与下列数字相对应的涂料颜色，然后翻到谜题 16。

15

挑战你的大脑　★高效记忆★

视觉记忆

14 新元素

如图所示，谜题 11 中的四个物品被删除了，并且增加了新物品，请你写出被删掉的物品并圈出新出现的两个物品。

_____　　_____

_____　　_____

答案见 184 页

数字 / 视觉记忆

15 数字求和

将谜题 12 中你记住的第一组数字里的任意两个数字相加，可以得到下面哪些数字？

第 一 组

现在回到谜题 12，记住第二组数字，然后回到这里。将你记住的数字中的任意两个数字相加，可以得到下面哪些数字？（不要去记下面选项中的数字）

第 二 组

答案见 185 页

16 数字与颜色

现在，请用谜题 13 中各数字对应的颜色给下图的各区域涂色。

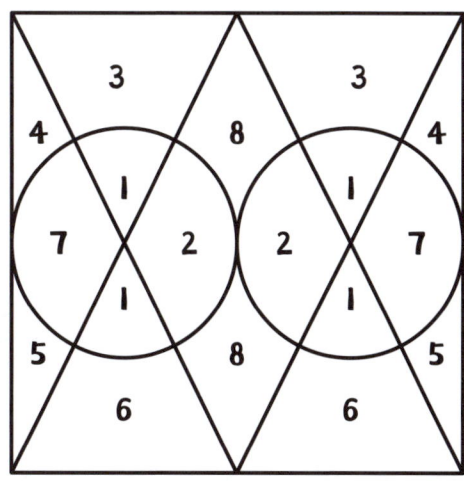

答案见 185 页

17

17 变化的动物

请尽可能记住这份动物清单，然后翻到谜题 19。

食蚁兽

狒狒

猎豹

犬羚

大象

雪貂

长颈鹿

鬣狗

黑斑羚

美洲豹

袋鼠

文本记忆

18 购物清单

请尽可能记住下面的杂货购物清单，然后翻到谜题 21。

报纸

橙汁

牛奶

苹果

柠檬

生菜

胡萝卜

奶酪

黄油

鸡蛋

19 变化的动物

如下所示，谜题 17 中的三个动物被其他动物取代了，请你圈出这三个替代的动物。

食蚁兽　　水牛　　美洲豹　　犬羚

大象　　狐狸　　长颈鹿　　鬣狗

黑斑羚　　猎豹　　考拉

答案见 185 页

20 长期记忆调取 1

请确保你已经记住了谜题 2 中的内容。现在，你还能记起这五个人的名字吗？

文本记忆

21 购物清单

如下所示，谜题 18 中的购物清单里缺失了几件商品，请你补全它们，你可以按照任意顺序将缺失的物品写下来。

橙汁

苹果

柠檬

鸡蛋

22 国家和首都

请记住这份国家及其首都的清单,记得越熟练越好,最好一提到某个国家你就能说出它的首都,反之亦然。后面会问到这些问题。

国家	首都
安哥拉	罗安达
孟加拉国	达卡
塞浦路斯	尼科西亚
丹麦	哥本哈根
厄立特里亚	阿斯马拉
斐济	苏瓦
加纳	阿克拉
海地	太子港
牙买加	金斯敦
肯尼亚	内罗毕
莱索托	马塞卢
蒙古	乌兰巴托
尼加拉瓜	马那瓜
阿曼	马斯喀特
巴拉圭	亚松森
卡塔尔	多哈
卢旺达	基加利
萨摩亚	阿皮亚
土库曼斯坦	阿什哈巴德
乌拉圭	蒙得维的亚
越南	河内
也门	萨那
赞比亚	卢萨卡

史实记忆

23 英国的君主

请你填上缺失的英国君主及其对应的登基年份。注意，这份名单的顺序已与谜题 10 中不同了。

_____：1901 年

_____：1830 年

_____：1952 年

_____：1936 年

乔治五世：_____

爱德华八世：_____

维多利亚：_____

第 2 章 记忆的类型

记忆是什么？它不是你能通过触觉或视觉直接感受得到的东西。事实上，它甚至比你的大脑更难想象，因为大脑至少是以可见的物理方式存在的。

记忆是你积累的关于如何与世界打交道的所有知识，也是你所学到的关于这个世界的、你能回忆起的所有分散信息。记忆可以是你能回想起来并大声说出的事实，也可以是你固有的，甚至于你很难去解释的行为模式——比如如何走路。

我们可以将记忆分为三种主要类型：短期记忆、长期记忆和程序性记忆，每种类型都有不同的作用。

· 短期记忆确实非常短暂，它记录的是此时此地发生的事情。假设有人在电话里告诉你他们的地址，而你想把它写下来，那么你的短期记忆就会在你提笔记录的这段时间内记住这些信息，但这个记忆不会太久。大多数短期记忆不会继续储存在你的长期记忆中，除非你有意识地去加强这些记忆。这是很幸运的，因为如果我们事无巨细地记住所有事，我们的大脑就会充满我们不需要的信息。一般来说，你的大脑中只能同时容纳六条左右的短期记忆。这就是为什么你很难记住一个完整的电话号码及其区号，哪怕只有几秒钟。

· 长期记忆是指持续时间超过一小时、一天，甚至长达一生的记忆，我们能够在长期记忆中存储大量信息。但大多数情况下，我们需要一个触发点来详细回忆起这些信息，也就是一个将其拉回我们意识中的理由。有时，这些触发因素可能是特意的，例如，我们会主动尝试回忆某个特定的事实或事件。有时，一首特定的歌曲或一种气味可能会把一些我们甚至没有意识到已经记住的东西带回我们的脑海中。不过，如果我们不再使用长期记忆，它们就会随着时间的流逝而褪色。例如，我们曾经为了特定的考试而学过的数学公式，可能会在考试结束后很快被遗忘。

· 程序性记忆可以让我们在执行熟悉的任务时无须有意识地回忆起完成任务所需的所有技能，它就像一种自动驾驶仪。例如，学习骑自行车，一开始你必须非常有意识地注意每个细节，但很快就会变成一种自动的程序性记忆。一旦你学会了骑车，你就不再需要有意识地注意如何移动你的重心来保持平衡了。

从某种意义上说，你可以把这三种记忆想象成记忆旅程中的驿站。短期记忆，如果足够重要，可以保留下来，成为长期记忆。如果我们经常访问这些长期记忆，并用它们来完成日常任务，那么这些长期记忆就可能成为程序性记忆。

24 图案恢复

请记住下图中哪些区域被涂了黄色，哪些区域被涂了蓝色，然后翻到谜题 27。

25 重绘图案

请准确记住下图的样子，然后翻到谜题 28。

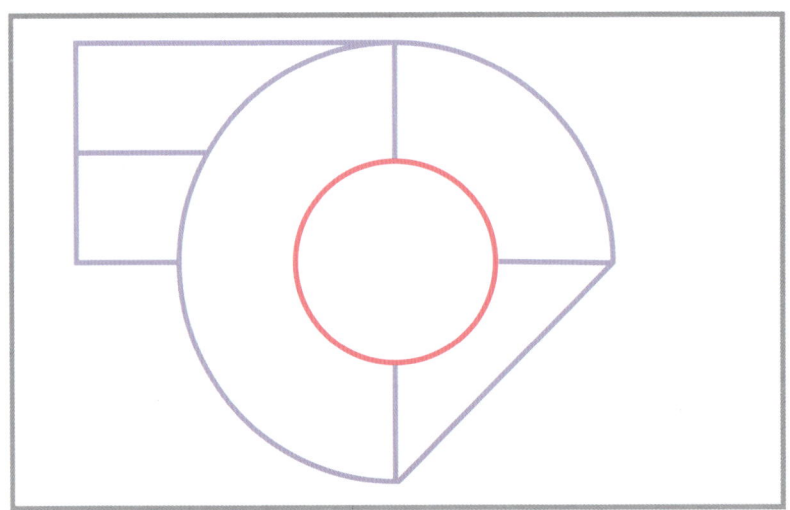

视觉记忆

26 人来人往

记住下面的六张面孔后,翻到谜题 29。

27 图案恢复

请在下图中尽可能准确地再现谜题 24 中的各个颜色。

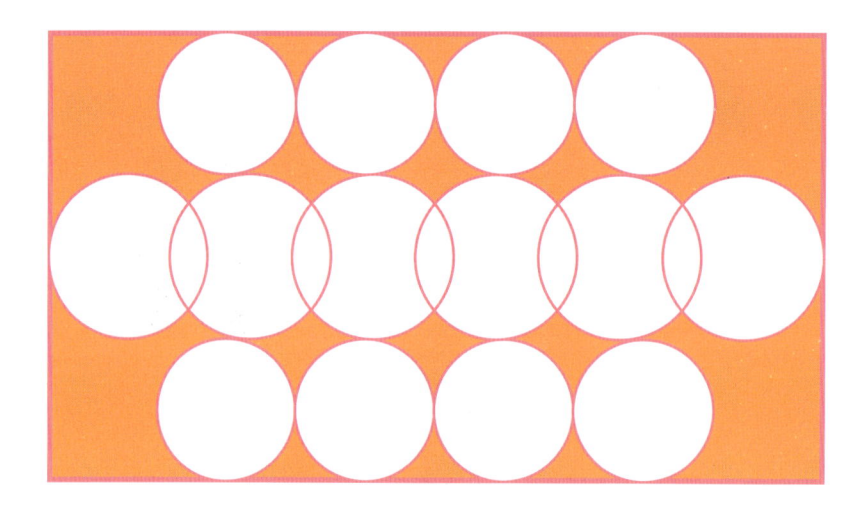

28 重绘图案

请在下图中尽可能准确地重绘谜题 25 中的图案。

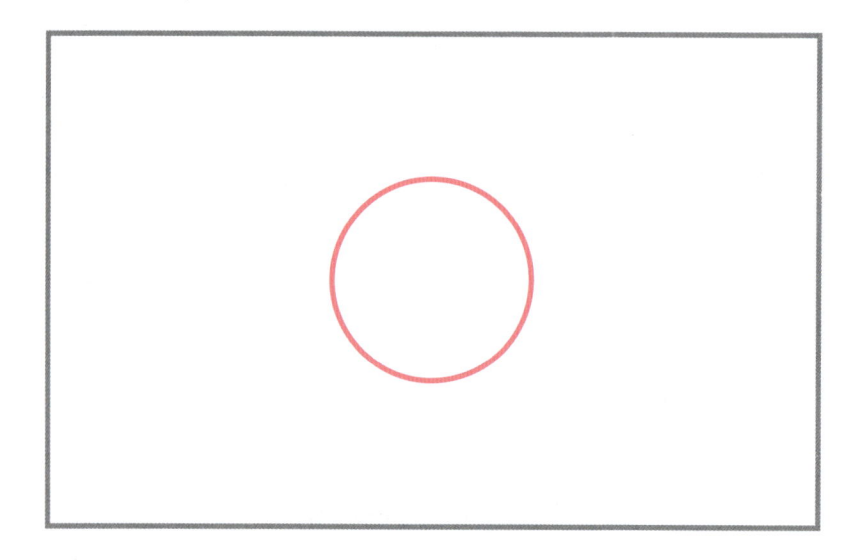

视觉记忆

29 人来人往

如图所示，谜题 26 中的六人里有三个人离开了，又新来了四个人。请圈出所有新来的人。

答案见 186 页

30 找不同

仔细观察下图，当你确定你已经记下所有细节后，翻到谜题 32。

文本记忆

31 颜色的顺序

请记住下面这些颜色的排列顺序,然后翻到谜题 33。

1. 紫色

2. 绿色

3. 栗色

4. 黄色

5. 白色

6. 棕色

7. 蓝色

8. 黑色

9. 橙色

10. 粉色

11. 红色

32 找不同

请你找出下图与谜题 30 的原图中很明显的五处不同。

答案见 186 页

文本 / 数字记忆

33 颜色的顺序

这些出现在谜题 31 里的颜色排列顺序被打乱了。请在每个颜色前面写出它原本的顺序编号。

_____黑色　　　　　_____粉色

_____蓝色　　　　　_____紫色

_____棕色　　　　　_____红色

_____绿色　　　　　_____白色

_____栗色　　　　　_____黄色

_____橙色

34 点对点记忆

观察下面的数字，记住它们的顺序，然后翻到谜题 36。

7　3　1　6　8　4　2　5

35 数字重现

请尽可能记住下面这些数字和它们的顺序。你可以通过观察这些数字排列的规律来记忆。准备好后，翻到谜题 38。

5 6 2 1 9 8 3 4 7

36 点对点记忆

按照你记住的谜题 34 里的数字顺序，用直线把下面这些点连起来。完成后，你将得到一幅简单的图画。

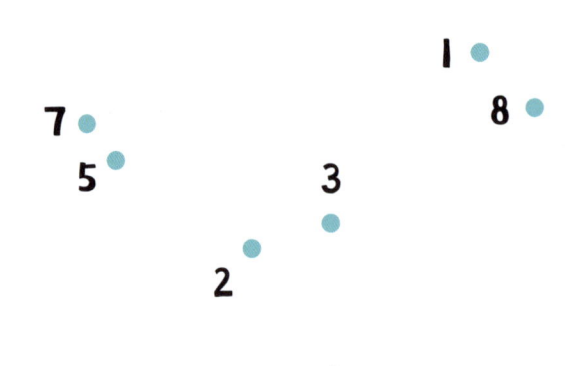

答案见 186 页

文本记忆

37 段落回忆

请仔细阅读简·奥斯汀的《傲慢与偏见》中的以下段落，然后翻到谜题 40。

> 一个举世公认的真理是，一个单身男人如果家境殷实，就一定想娶一位太太。
>
> 这样的一个人，初次搬到一个地方，他的感情和见解虽然很少为人所知，周围的人家却把这条真理牢牢地铭记在心中，以致把他看作自己某一个女儿理当得到的一笔合法"财产"。
>
> "亲爱的贝内特先生，"有一天，他的夫人对他说，"你听说内瑟菲尔德庄园已经租出去了吗？"
>
> 贝内特先生回答说没有。
>
> "但已经租出去了，"她回道，"朗格太太刚来过这里，她把一切都告诉我了。"
>
> 贝内特先生没有回答。
>
> "难道你不想知道是谁租的吗？"贝内特太太不耐烦地提高了嗓门。
>
> "你想说的话，我听听也行。"
>
> 这对贝内特太太来说，已经是足够的邀请了。
>
> "哎呀，亲爱的，你一定得知道。朗格太太说内瑟菲尔德庄园的主人是一个从英格兰北部来的阔少爷。星期一那天，他坐着一辆贵妃四轮马车来看房子，对这个地方非常满意，当天就跟莫里斯先生签订了协议。他要在米迦勒节前入住，他的几个仆人会在下周末之前搬进来。"

38 数字重现

请你准确地按顺序默写出谜题 35 中的那些数字。

_ _ _ _ _ _ _ _ _ _

39 长期记忆调取2

请你填上从伊丽莎白二世起缺失的英国君主及其对应的登基年份。

伊丽莎白二世：_____

_____：_____

爱德华八世：_____

乔治五世：_____

_____：1901年

维多利亚：_____

_____：1830年

文本记忆

40 段落回忆

现在请阅读这段与谜题 37 中几乎相同的文字，其中正好有十处文字被改动了，请你找出它们吧。

一个举世公认的定理是，一个单身男人如果腰缠万贯，就一定想娶一位太太。

这样的一个人，初次搬到一个村庄，他的感情和见解虽然很少为人所知，周围的人家却把这条真理牢牢地铭记在心中，以致把他看作自己某一个女儿理当得到的一笔合法"财产"。

"亲爱的贝内特先生，"有一天，他的太太对他说，"你听说内瑟菲尔德庄园已经租出去了吗？"

贝内特先生回答说没有。

"但已经租出去了，"她回道，"朗格太太刚来过这里，她把一切都告诉我了。"

贝内特先生没有回应。

"难道你不想知道是谁租的吗？"贝内特太太不耐烦地提高了嗓门。

"你想说的话，我听听也行。"

这对贝内特太太来说，已经是足够的鼓励了。

"哎呀，亲爱的，你一定得知道。朗格太太说内瑟菲尔德庄园的主人是一个从英格兰南部来的年轻富商。星期一那天，他坐着一辆厢式四轮马车来看房子，对这个地方非常满意，当天就跟莫里斯先生签订了协议。他要在圣诞节前入住，他的几个仆人会在下周末之前搬进来。"

答案见 187 页

41 被删除的物品

请尽量记住这份在厨房里可能找到的物品清单,然后翻到谜题 43。

刀

叉子

汤匙

刮刀

锅

烤箱

水槽

盘子

托盘

餐桌

长期记忆

42 音标字母表

请确保你已经记住了谜题 9 中的内容。下面这份音标字母表有十处错误，请划掉并写上正确的代号单词。

A. ALFA
B. BETA
C. CHARLIE
D. DELTA
E. ECHO
F. FOXTROT
G. GULF
H. HOTEL
I. INDIGO
J. JULIETT
K. KILO
L. LIMO
M. MICHAEL

N. NAUTICAL
O. OSCAR
P. PEPPER
Q. QUEBEC
R. ROMEO
S. SUPER
T. TANGO
U. UNIFORM
V. VICTOR
W. WHISKEY
X. XYLOPHONE
Y. YANKEE
Z. ZEBRA

43 被删除的物品

请写出谜题 41 的清单中缺失的物品。

刀

叉子

_____

刮刀

锅

_____

水槽

盘子

_____

餐桌

文本 / 视觉记忆

44 密码挑战赛

请记住下面这份密码表，然后翻到谜题 46。

银行卡密码：9563

家用电脑密码：amethyst*1972

家庭安全警报密码：024680

汽车保险密码：wh3el5

* 此英文单词的意思为紫水晶。

45 寻找道路

请记住下图中的路线，然后翻到谜题 47。

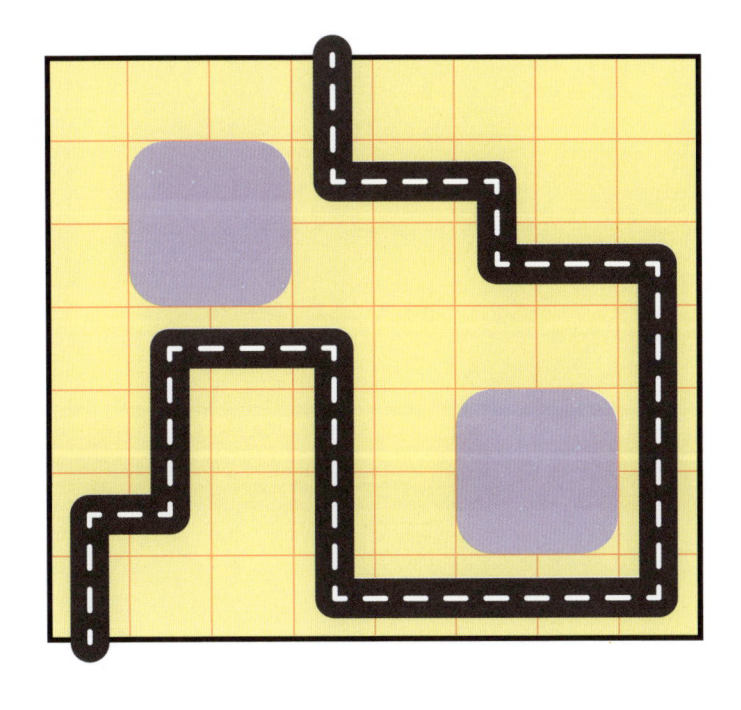

46 密码挑战赛

请回答下面与谜题 44 中的密码表相关的问题。

1. 哪些密码只包含数字？

3. 家庭安全警报密码是什么？

2. 哪个密码包含宝石的名字？

4. 下面哪一个是正确的银行卡密码？
   a. 9653　b. 3695　c. 9563

47 寻找道路

请尽可能准确地绘制出谜题 45 中的路线图。

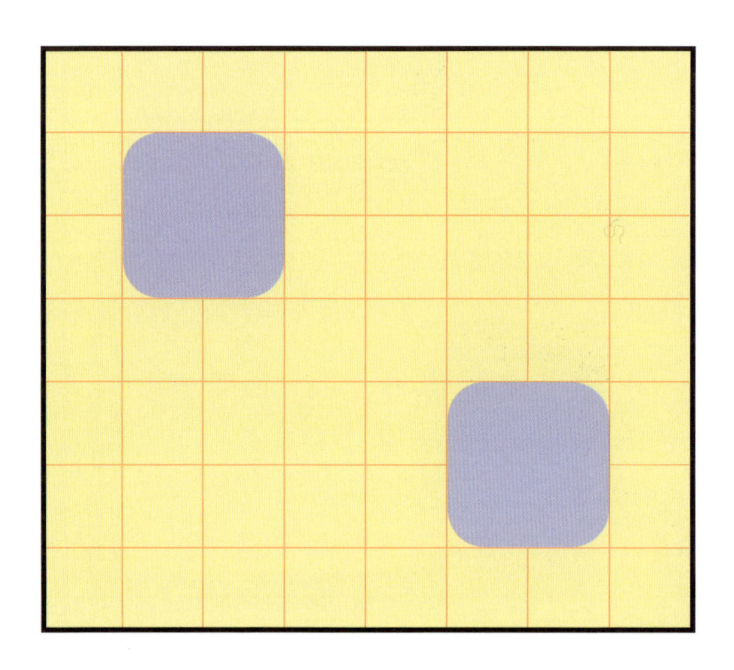

史实记忆

48 贝多芬小传

请花几分钟时间学习以下信息，在你认为已经记住了其中的关键细节后，翻到谜题 49。

★ 路德维希·凡·贝多芬出生于德国波恩。他生于 1770 年 12 月，具体日期不详。

★ 他 22 岁时移居维也纳，并受到作曲家约瑟夫·海顿的指导。

★ 贝多芬的《第一交响曲》(C 大调) 于 1800 年首演，神圣罗马帝国皇帝弗朗茨二世出席。

★ 贝多芬的《第五交响曲》(作品 67) 是他最著名的作品之一，由四个乐章组成。第一乐章被标记为 "allegro con brio"，意为 "轻快的、充满活力的"，以一个著名的四音符开始。

★ 他于 1827 年 3 月去世，大约有 10000 人参加了他的葬礼。

49 贝多芬小传

看看你能否回答下列有关贝多芬的问题。

1. 贝多芬在维也纳的导师是谁?

2. 哪位神圣罗马帝国皇帝出席了贝多芬《第一交响曲》的首演?

3. 他的《第一交响曲》是用什么调写成的?

4. 贝多芬的《第五交响曲》由几个乐章组成?

5. 《第五交响曲》的作品编号是多少?

6. "allegro con brio"是什么意思?

7. 贝多芬于哪年去世?

8. 大约有多少人参加了他的葬礼?

长期记忆

50 奥斯卡最佳影片

请记住下面获得奥斯卡最佳影片的十二部电影及其导演和首映年份,记得越熟练越好,最好一提到电影名字你就能说出它的导演和首映年份,反之亦然,后面会问到这些问题。

首映年份	电影名	导演
1950	《彗星美人》	约瑟夫·曼凯维奇
1964	《窈窕淑女》	乔治·库克
1972	《教父》	弗朗西斯·福特·科波拉
1979	《克莱默夫妇》	罗伯特·本顿
1982	《甘地传》	理查德·阿滕伯勒
1986	《野战排》	奥利弗·斯通
1991	《沉默的羔羊》	乔纳森·戴米
1997	《泰坦尼克号》	詹姆斯·卡梅隆
2002	《芝加哥》	罗伯·马歇尔
2010	《国王的演讲》	汤姆·霍伯
2016	《月光男孩》	巴里·杰金斯
2021	《健听女孩》	夏安·海德

第 3 章
记忆的要领

我们已经看到，有意识地利用记忆可以帮助我们提高记忆力，但是我们还不知道如何才能更好地做到这一点。当我们想要记住某件事情时，怎样做才是最好的呢？为了确保这些记忆能够持久，我们能做些什么？

专注

适当地集中注意力对保持持久的记忆很有帮助。你越是有意识地关注某件事情，它对你的大脑就越重要，你就越有可能记住它。这就是特别激动人心的事件总是令人非常难忘的原因之一，因为你的所有注意力都会被吸引到它上面。因此，当你想有意识地记忆更平淡的信息时，一定要尽力确保自己将注意力适当地集中在手头的任务上。尽量让你的大脑保持专注，尽你所能地清除你周围环境中那些可能吸引你注意力的东西，例如分散你注意力的声音、景象、气味、风等等。你越能将注意力完全集中在某一特定主题或事件上，你就越有可能记住它。

重复

众所周知，通过重复来学习是有效的，也就是说，重复信息，直到这些信息牢牢地储存在你的长期记忆中。很多人学习乘法表时，都是一遍又一遍地重复，直到牢牢记住为止。回想一下记忆的两个阶段：首先是储存信息，然后是在需要的时候重新回忆起信息的细节。重复对这两个阶段都有帮助：如果你多次强化一个信息，并且为了以后能够再现它经常挑战自己，你的大脑就会养成高效存储和回忆这些事实的习惯。

不过，只有长期重复才能真正帮助你学到东西。假设你现在记住了元素周期表，可以按照这些化学元素出现的顺序列出它们，并且将这些内容重复了几十次，那么第二天你就很有可能记住其中的大部分内容，但一个星期之后就不一定了。同样的道理，为考试或演讲临时恶补可能会让你在几个星期或几天内记住一些事实，但你辛辛苦苦记住的信息却不太可能在你的长期记忆中停留超过一个月。不过，如果你在一百天内每天复习元素周期表，你就更有可能在一年左右的时间里一直记住它们。

建立联系

在记忆之间建立联系和联想，特别是在容易获得的现有记忆之间建立联系和联想，是许多记忆方法的基石。如果你能有意识地将事实联系在一起，创建一个丰富的记忆网络，你就能更好地在需要的时候获取所需的信息。在本书的后面部分，我们将介绍一些你可以尝试的具体的联想技巧，最后是记忆宫殿的技巧。

51 格子重现

用十秒钟左右的时间记住下面的网格 1，然后翻到谜题 53，尽可能准确地在空白网格中再现它。然后回到这里，继续记忆网格 2，再翻到谜题 53 重现它。以此类推，记忆并重现网格 3 和网格 4。

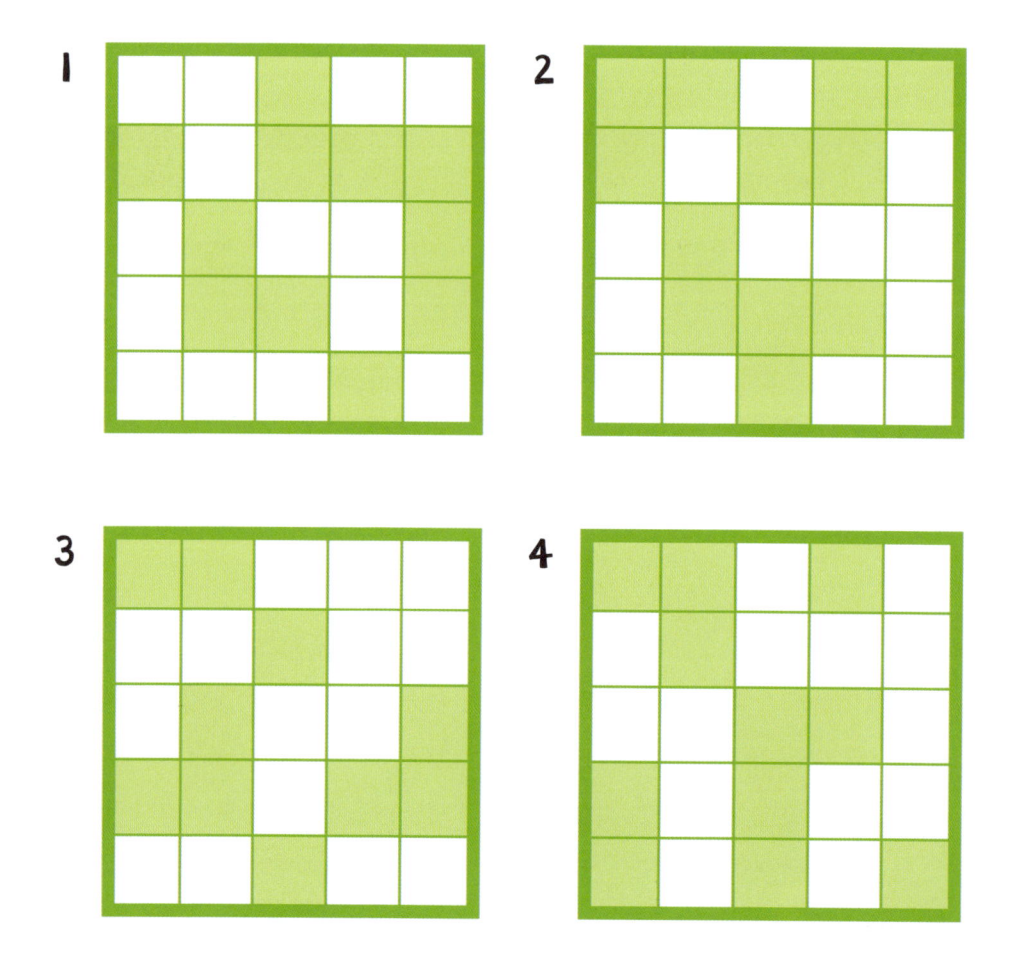

> 视觉记忆

52 你的名字

请记住下面五个人的名字，然后翻到谜题 54。

伊丽莎白

蒂莉

黛西

伊桑

托马斯

53 格子重现

请尽可能准确地重现谜题 51 中的网格。

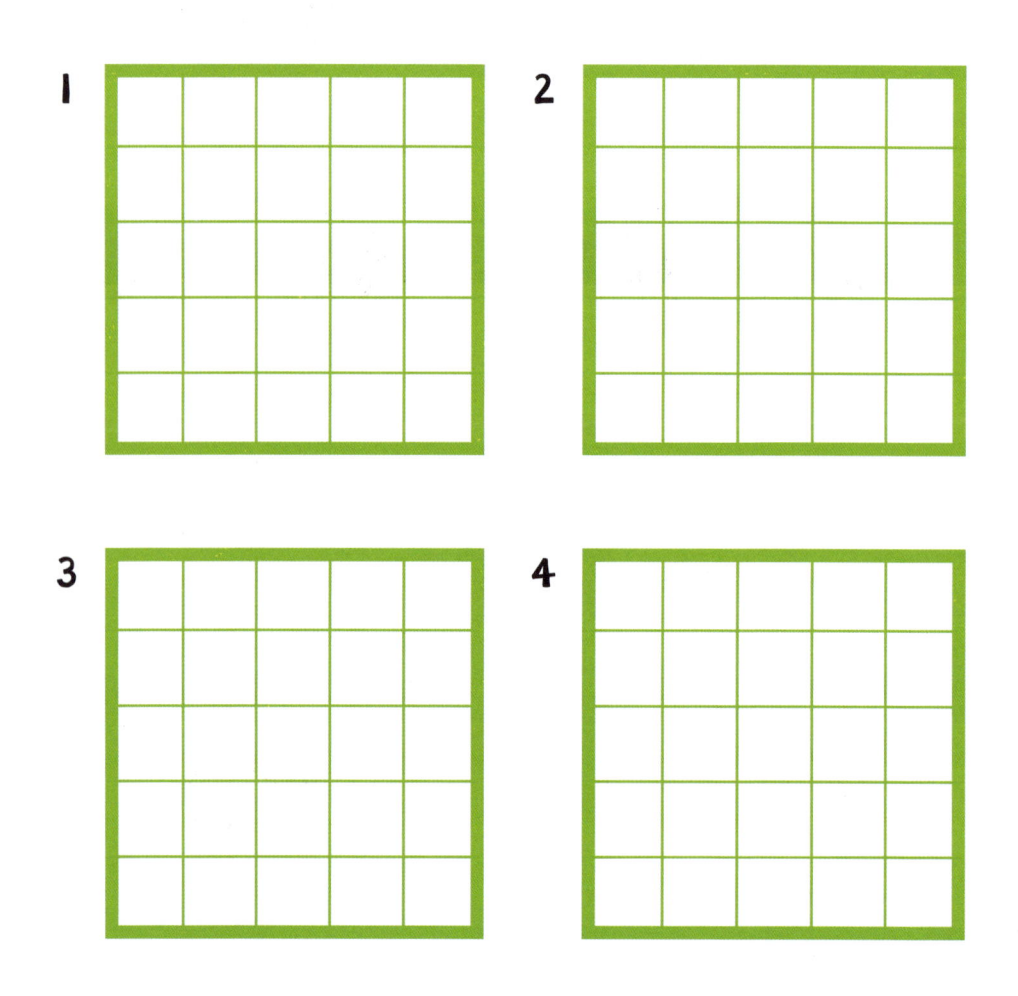

1

2

3

4

* 如果你还没有完成这四个网格，就回到谜题 51，继续记忆，直到准确重现所有网格。

视觉记忆

54 你的名字

你能回忆起谜题 52 中这五个人的名字吗?

_____   _____

_____

_____

_____

55 增加的国家

请用一分钟的时间记住这份国家名单，然后翻到谜题 57。

阿尔巴尼亚

阿根廷

奥地利

马达加斯加

毛里求斯

墨西哥

尼泊尔

新西兰

挪威

视觉记忆

56 找不同

请记住下面这些交通工具，然后翻到谜题 58。

57 增加的国家

下面这些国家的排列顺序已与谜题 55 中有所不同，且增加了三个新国家，请你圈出所有新增加的国家。

阿尔巴尼亚

尼泊尔

挪威

毛里塔尼亚

新西兰

澳大利亚

秘鲁

马达加斯加

毛里求斯

奥地利

阿根廷

墨西哥

答案见 188 页

视觉记忆

58 找不同

如图所示，谜题 56 中的一些交通工具已经被替代，请你把这些替代的交通工具圈出来。

答案见 188 页

59 国家和首都

请确保你已经记住了谜题 22 中的国家及其首都的名单，现在请写出下面这些国家的首都。已经给出首都名的第一个字作为提示。

国家	首都
安哥拉	罗
孟加拉国	达
塞浦路斯	尼
丹麦	哥
厄立特里亚	阿
斐济	苏
加纳	阿
海地	太
牙买加	金
肯尼亚	内
莱索托	马
蒙古	乌
尼加拉瓜	马
阿曼	马
巴拉圭	亚
卡塔尔	多
卢旺达	基
萨摩亚	阿
土库曼斯坦	阿
乌拉圭	蒙
越南	河
也门	萨
赞比亚	卢

史实记忆

60 温网单打冠军

下面是一份公开赛时代（自 1968 年以来）最成功的 12 位温布尔登网球锦标赛单打冠军的名单。请记住这 12 位选手的名字以及他们赢得温网单打冠军的次数（截至 2021 年底），然后翻到谜题 73。

玛蒂娜·纳芙拉蒂洛娃：9

罗杰·费德勒：8

皮特·桑普拉斯：7

施特菲·格拉芙：7

塞雷娜·威廉姆斯：7

诺瓦克·德约科维奇：6

比约恩·博格：5

维纳斯·威廉姆斯：5

比利·简·金：4

约翰·麦肯罗：3

鲍里斯·贝克尔：3

克里斯·埃弗特：3

61 新元素

请记住下面这些物品，然后翻到谜题 64。

数字 / 视觉记忆

62 数字求和

首先记住第一组的三个数字，然后翻到谜题 65。
之后回到这里继续记忆第二组数字。

第一组

21 15 27

第二组

19 24 7

63 数字与颜色

记住与下列数字相对应的涂料颜色，然后翻到谜题 66。

橙色 2 3 5 12

黄色 6 9 13

绿色 1 4 11

蓝色 7 10 15

挑战你的大脑 ★ 高效记忆 ★

视觉记忆

64 新元素

如图所示，谜题 61 中的三个物品被删除了，并且增加了新物品。请你写出被删掉的物品，并圈出新出现的三个物品。

答案见 188 页

数字 / 视觉记忆

65 数字求和

将谜题 62 中你记住的第一组数字里的任意两个数字相加，可以得到下面哪些数字？

第一组

36　39　49

现在回到谜题 62，记住第二组数字，然后回到这里。将你记住的数字中的任意两个数字相加，可以得到下面哪些数字？（不要去记下面选项中任意的数字）

第二组

25　33　43

答案见 189 页

66 数字与颜色

现在，请用谜题 63 中各个数字对应的颜色将下图的各个区域涂色。

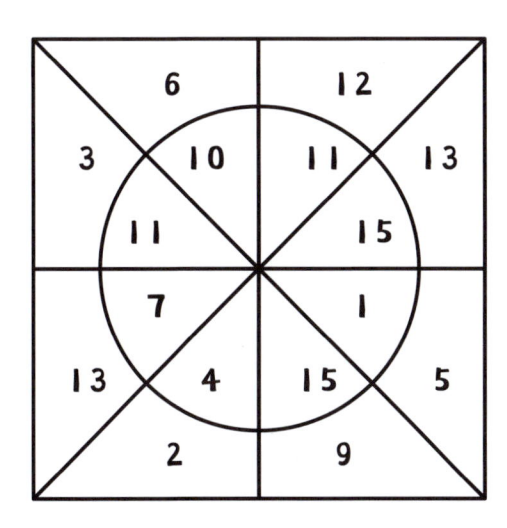

3	6	12	13
	10	11	
	11	15	
	7	1	
13	4	15	5
	2	9	

答案见 189 页

65

67 变化的名册

请尽可能记住这份名册，然后翻到谜题 69。

埃米莉亚

朱丽叶

菲尔

南希

安内萨

基兰

马努埃尔

萨米拉

海伦

弗雷迪

埃莉萨贝特

霍拉蒂奥

文本记忆

68 购物清单

请尽可能记住下面的杂货购物清单,然后翻到谜题 71。

螺丝

锯

直尺

螺丝刀

钉子

油漆刷

锤子

卷尺

油漆

墙纸

绳索

胶带

69 变化的名册

如下所示，谜题 67 中的五个名字被其他名字替换了，请你把它们圈出来。

安内萨	霍拉蒂奥	菲尔
海伦	南希	弗雷迪
曼纽尔	埃米莉亚	基伦
伊丽莎白	朱丽叶特	萨马拉

答案见 189 页

70 长期记忆调取 3

请确保你已经记住了谜题 44 中的内容，现在，请准确填出这份密码表。

银行卡密码：_____

家用电脑密码：_____

家庭安全警报密码：_____

汽车保险密码：_____

文本记忆

71 购物清单

请你补全谜题 68 的购物清单中缺失的商品。你可以按照任意顺序将缺失的物品写下来。

螺丝

....

直尺

....

钉子

....

锤子

....

....

墙纸

绳索

....

72 奥斯卡最佳影片

请确保你已经记住谜题 50 中的内容。现在，请写出这些导演在所给年份下执导的奥斯卡最佳影片名称。

首映年份	电影名	导演
1950	《 》	约瑟夫·曼凯维奇
1964	《 》	乔治·库克
1972	《 》	弗朗西斯·福特·科波拉
1979	《 》	罗伯特·本顿
1982	《 》	理查德·阿滕伯勒
1986	《 》	奥利弗·斯通
1991	《 》	乔纳森·戴米
1997	《 》	詹姆斯·卡梅隆
2002	《 》	罗伯·马歇尔
2010	《 》	汤姆·霍伯
2016	《 》	巴里·杰金斯
2021	《 》	夏安·海德

史实记忆

73 温网单打冠军

请你补全缺失的温布尔登网球锦标赛单打冠军的名字以及他们赢得单打冠军的次数。注意，与谜题 60 中的名单相比，顺序有所改变。

比约恩·博格：_____

克里斯·埃弗特：_____

约翰·麦肯罗：_____

皮特·桑普拉斯：_____

塞雷娜·威廉姆斯：_____

_____ : 3

_____ : 4

_____ : 5

_____ : 6

_____ : 7

_____ : 8

_____ : 9

第4章 常见的记忆技巧

拥有一个装满记忆技巧的工具箱会非常有用，这样当你需要记忆一组事实时，你就有了一系列的选择。这些技巧的工作原理是让你记住一些小的、相对容易记住的东西，然后反过来帮助你回忆起更丰富的事实。这样，将来你就可以回忆起那个触发点来帮助你想起所有细节。

缩略词

首字（母）缩略词是由一组你希望记住的词语的首字（母）组成的词语。如果需要，它们还能为这些信息提供一个顺序。例如，"身手钥钱"就是用来提醒我们出门必带的物品。在这里，每个字代表一个不同的物品："身"代表"身份证"，"手"代表"手机"，"钥"代表"钥匙"，"钱"代表"钱包"。用简洁的首字（母）缩写和正确的顺序将信息囊括起来，你就为自己的记忆创造了一条捷径。你所要做的就是回想首字（母）缩略词，其余的信息就会自然而然、提纲挈领地被想起来。

缩略词之所以好用，是因为我们的大脑似乎是按照词语的第一个字（母）来检索的，就像一个按字（母）顺序排列条目的文件柜一样。如果我们能够回忆起一个词语的第一个字（母），那么回忆这个词语的工作就已经完成了一半。

口诀记忆

首字（母）缩略词也有助于记住更长的复杂信息，否则这些长串的信息很难被完整记忆。我们以生物分类的层次结构的英文单词来举例：Kingdom（界）> Phylum（门）> Class（纲）> Order（目）> Family（科）> Genus（属）>Species（种）。单个词并没有提供特别有用的排序线索，但是，只要记住"King Penguins Can Only Face Going South（帝企鹅只能往南走）"这样的口诀就容易多了。你可以在用词上发挥创造力，短句越富有想象力，信息就越容易被记住。

补充信息

在事实中添加额外的信息，可以让大脑在记忆事实时"抓住"更多的信息，从而让这件事更容易被记住。例如，我们想要记住威廉·莎士比亚死于1616年4月23日。据说他在距此52年前的4月23日，出生于埃文河畔斯特拉特福。他去世和出生的日期相同，只是年份不同，而且这一天也是世界读书日。现在你有了一个关于这个日期的小型信息网络，希望这些信息能在日后让你更容易回忆起这个日期。

74 图案恢复

请记住下图中哪些区域被涂了黄色,哪些区域被涂了绿色,然后翻到谜题 77。

75 重绘图案

请准确记住下图的样子,然后翻到谜题 78。

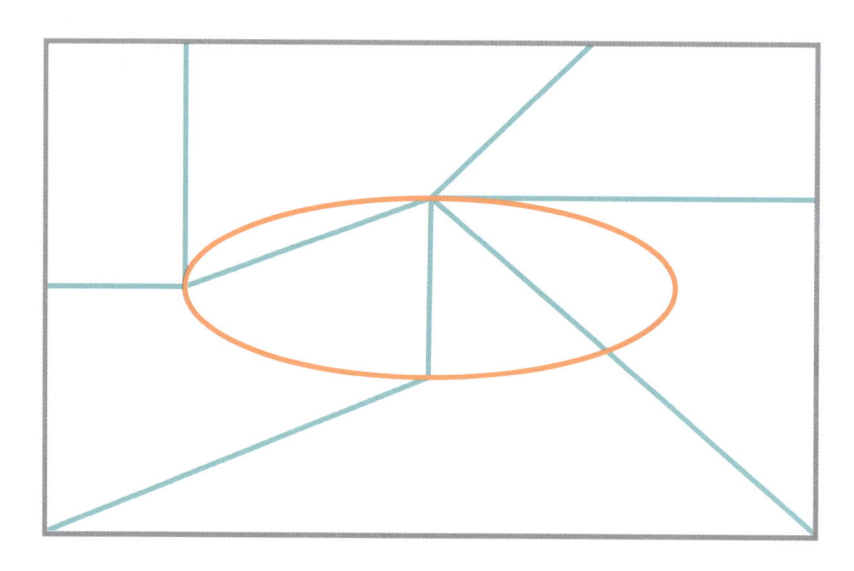

视觉记忆

76 人来人往

记住下面的六张面孔后，翻到谜题 79。

77 图案恢复

在下图中尽可能准确地再现谜题 74 的图案。

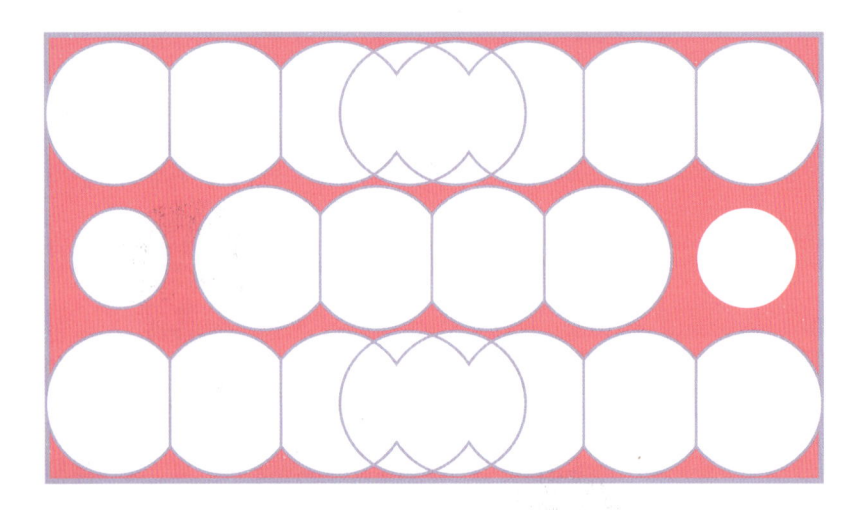

78 重绘图案

在下图尽可能准确地重绘谜题 75 的图案。

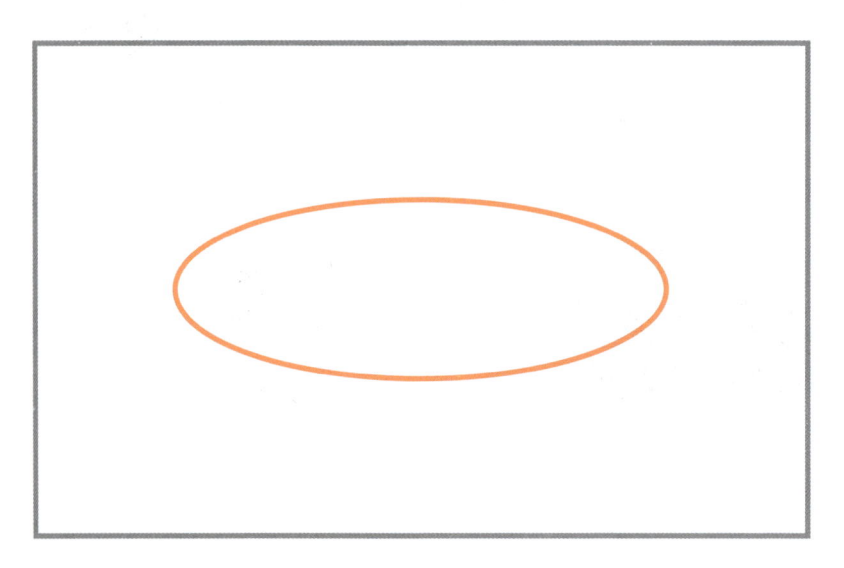

视觉记忆

79 人来人往

如图所示，谜题 76 中的六人里有些离开了，又有些新朋友加入了，请圈出所有新加入的人。

答案见 190 页

80 找不同

仔细观察下图,当你确定你已经记下所有细节后,翻到谜题82。

文本记忆

81 书籍的顺序

请记住下面这些书的排列顺序，不需要记住具体的书名，然后翻到谜题 83。

1. 《远大前程》

2. 《尤利西斯》

3. 《战争与和平》

4. 《柳林风声》

5. 《白鲸》

6. 《德伯家的苔丝》

7. 《指环王》

8. 《星际战争》

9. 《麦田里的守望者》

10. 《中途小镇》

11. 《狮子、女巫和魔衣橱》

82 找不同

请你找出下图与谜题 80 的原图中很明显的五处不同。

答案见 190 页

文本 / 数字记忆

83 书籍的顺序

与谜题 81 相比,现在这些书的排列顺序不同了。请在每个书名旁边写出它原本的顺序编号。

_____ 《战争与和平》　　　_____ 《尤利西斯》

_____ 《柳林风声》　　　　_____ 《星际战争》

_____ 《指环王》　　　　　_____ 《白鲸》

_____ 《中途小镇》　　　　_____ 《远大前程》

_____ 《麦田里的守望者》　_____ 《德伯家的苔丝》

_____ 《狮子、女巫和魔衣橱》

84 点对点记忆

观察下面的数字,记住它们的顺序,然后翻到谜题 86。

3 6 5 4 9 2 7 1 8

85 数字重现

请尽可能记住下面这些数字和它们的顺序。你可以通过观察这些数字排列的规律来记忆。准备好后，翻到谜题 88。

3 1 9 8 4 2 0 2 0 1 8 2 2

86 点对点记忆

按照你记住的谜题 84 里的数字顺序，用直线把下面这些点按顺序连起来。完成后，你将得到一幅简单的图画。

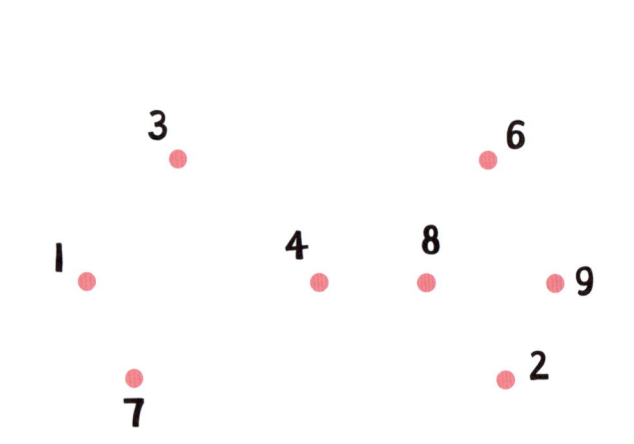

答案见 190 页

文本记忆

87 段落回忆

请阅读刘易斯·卡罗尔的《爱丽丝梦游仙境》中的以下段落，然后翻到谜题 90。

爱丽丝开始厌倦了和姐姐一起坐在河边，无所事事：有一两次，她偷看了姐姐正在看的书，但里面既没有图画，也没有对话。爱丽丝想："一本没有图画和对话的书有什么用呢？"

炎热的天气让她感到非常困倦和迷糊，但她还是尽可能地盘算着，做一个雏菊花环的乐趣能否抵过起身摘雏菊的麻烦呢？突然，一只长着粉红色眼睛的小白兔从她身边跑过。

这并没有什么值得奇怪的，爱丽丝也这么觉得，甚至听到小白兔自言自语地说："亲爱的！哦，天哪！我要迟到了！"她也没觉得奇怪。过后她仔细想了想，觉得自己应该感到奇怪的，但当时这一切似乎都很自然。当兔子竟然从马甲袋里拿出一块表看了看，又匆匆忙忙地走了时，爱丽丝站了起来，因为她突然想到，她从来没有见过一只兔子有马甲袋，也从来没有见过一只兔子有手表。于是，她好奇心大增，跑过田野去追它。幸运的是，她正好看到它跳进了树篱下的一个大兔子洞里。

88 数字重现

请你准确地按顺序默写出谜题 85 中的那些数字。

---

89 记忆回溯1

请确保你已经记住了谜题 10 和谜题 60 中的内容，接下来请你回答下面几个问题。

1. 维多利亚是于哪一年成为英国女王的？

2. 施特菲·格拉芙共获得了多少次温布尔登网球赛的单打冠军？

3. 哪位统治者于 1910 年登上英国王位？

4. 哪位运动员获得温布尔登网球赛单打冠军的次数最多？

文本记忆

90 段落回忆

现在请阅读这段与谜题 87 中几乎相同的文字，其中正好有十处文字被改动了，请你找出它们吧。

爱丽丝开始厌倦了和姐姐一起坐在岸上，无所事事：有一两次，她偷看了姐姐正在看的书，但里面既没有图画，也没有对话。爱丽丝想："一本没有图画和对话的书有什么用呢？"

温暖的天气让她感到非常困倦和迷糊，但她还是尽可能地盘算着，做一个雏菊花环的乐趣能否抵过起身摘花朵的麻烦呢？突然，一只长着红色眼睛的小白兔从她身边跑过。

这并没有什么特别的，爱丽丝也这么觉得，甚至听到小白兔自言自语地说："亲爱的！哦，天哪！我要迟到了！"她也没觉得奇怪。过后她仔细想了想，觉得自己应该感到奇怪的，但当时这一切似乎都很正常。当兔子竟然从马甲袋里拿出一块表看了看，又急匆匆地走了时，爱丽丝站了起来，因为她突然想到，她从来没有见过一只兔子有马甲袋，也从来没有见过一只兔子有手表。于是，她带着疑问，跑过草地去追它。幸运的是，她正好看到它跳进了树篱下的一个小兔子洞里。

答案见 191 页

91 缺失的词

请尽最大可能记住下面这些词语,然后翻到谜题 94。

蜡烛

彩虹

幸福

绿宝石

天气

笔

水

情感

丰饶

照片

文本 / 视觉记忆

92 密码挑战赛

请记住下面这份密码表，然后翻到谜题 96。

电话密码：020581

工作笔记本电脑密码：OfficeUser2049

保险箱密码：10987

联名账户银行密码：5h4r3dm0n3y

在线法语班登录密码：bonjourlaclasse

93 寻找道路

请记住下图中的路线，然后翻到谜题 97。

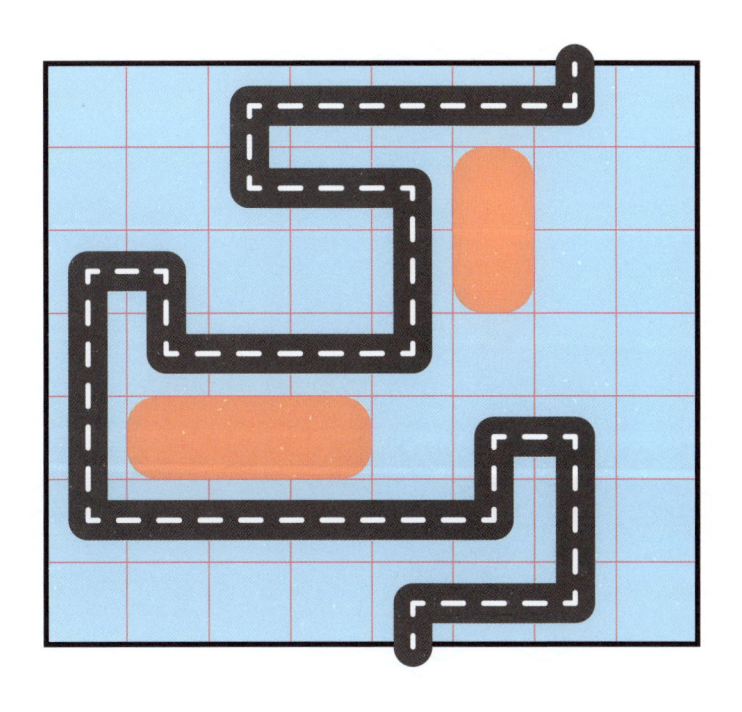

94 缺失的词

观察下面这些词语，与谜题 91 中比，缺失了哪些？请写出它们。

蜡烛

绿宝石

情感

幸福

笔

照片

彩虹

天气

答案见 191 页

自然科学记忆

95 地质年代

请花几分钟时间学习以下信息，在你认为已经记住了关键细节后，翻到谜题98。

★ 地质年代以宙来划分，宙再被细分为一系列的代。代又被细分为纪，然后是世，再然后是期。

★ 目前，我们正处于显生宙，它始于大约5.4亿年前。"显生"源于希腊语，意为"可见的动物"。

★ 在显生宙之前是元古宙（从25亿年前开始）和太古宙（从40亿年前开始）。

★ 显生宙被划分为三个代：
古生代（意为"古老的生命"）从大约5.4亿年前到2.51亿年前；
中生代（意为"中间的生命"）从大约2.51亿年前到6600万年前；
新生代（意为"新的生命"）从大约6600万年前到今天。

★ 中生代被称为"爬行动物时代"，当时恐龙统治了地球。它以一场大灭绝而结束，据说是由于小行星撞击了今天的墨西哥附近地区造成的。

★ 中生代分为三个纪：三叠纪、侏罗纪和白垩纪。

96 密码挑战赛

请回答下面与谜题 92 中的密码表相关的问题。

1. 哪个密码不包含数字？

2. 保险箱的密码是什么？

3. 5h4r3dm0n3y 是什么密码？

4. 哪个密码中共包含了 4 个数字？

5. 下面哪个是电话密码？
   a. 020581   b. 050218
   c. 810502   d. 200518

97 寻找道路

请尽可能准确地绘制出谜题 93 中的路线图。

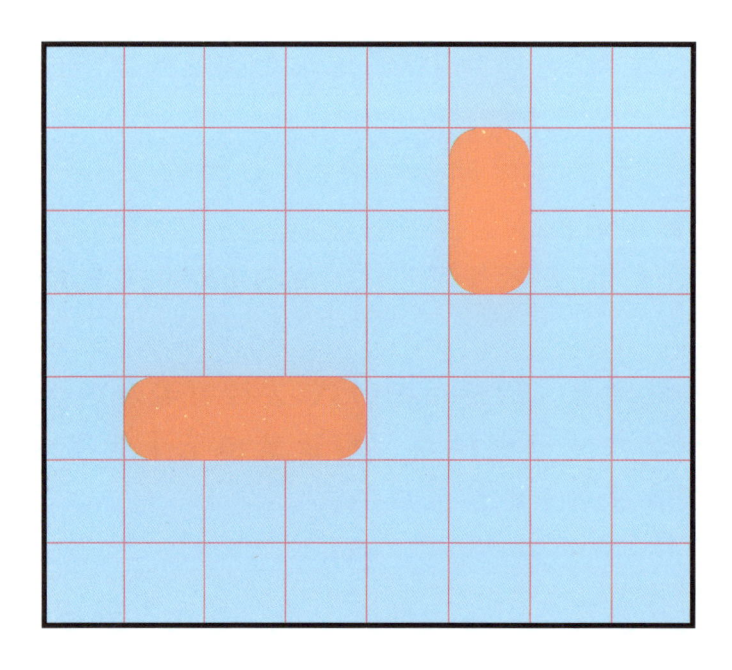

自然科学记忆

98 地质年代

请你回答下列有关地质年代的问题。

1. 我们目前生活在哪个宙？

2. 现在我们所处的宙是多久以前开始的？

3. 现在我们所处的宙的名字源于哪种语言？

4. "显生"是什么意思？

5. 哪个代被称为"爬行动物时代"？

6. 一个纪和一个世哪个更长？

7. 中生代末期，被认为撞击地球的小行星是在哪里撞击的？

8. 新生代是什么时候开始的？

9. 侏罗纪之后是哪个纪？哪个宙开始于40亿年前？

第 5 章
更多常见的记忆技巧

让我们看看还有哪些技巧可以放入你的工具箱中，帮助你更容易地记忆某些信息。

组块

需要记住的信息越少越好，因此找到将多个信息合并为一个信息的方法真的很有帮助。这对记忆数字和字母信息尤其有效，如电话号码和密码。比如，一个数字序列——其中的单个数字没有任何特定的意义，当它被分解成较小的片段或"组块"时，记忆起来会更容易。当你读出一个电话号码时，你可能已经在使用组块方法了，比如，像 04719678651 这样一个号码，你读的时候可能会本能地将其分组为 04719 678 651。像这样把数字序列分成较小的部分，就更容易记忆。

但我们通常可以做得更好，而不仅仅是把内容分解成较小的组块，因为当你在将内容分解成组块时，通过寻找更容易记住的组块，可以找到其中的规律，从而更有助于记忆。比如，在上面的电话号码中，中间的组块有三个连续的数字：678；或者，你可能会发现数字中隐藏着"1967"这一年——这可能是你已经记在脑海中的某个重要年份。

创意图像

有时候，有些事实很难记忆。在这种情况下，创造性地思考并构建你自己的想象连接可能会有所帮助。通常，这些连接是可视化的。当你想要记住一些分散信息时，比如购物清单，如果清单的前三项是面包、牛奶和香蕉，你就可以想象一头牛在吃香蕉面包——这听起来很傻，但它一下子就包含了三个物品。随后你可以为清单上接下来的三个物品继续创造连接。也许香蕉面包被包在了一份报纸里（你刚好也想买一份报纸），诸如此类。如果图像足够醒目，你只需记住清单上的第一个图像，其余的信息将从这幅图画里"自动"流出。

99 格子重现

用十五秒钟的时间记住下面的网格1，然后翻到谜题101，尽可能准确地在空白网格1中再现它。然后回到这里，继续记忆网格2，再翻到谜题101重现它。以此类推，记忆并重现网格3和网格4。

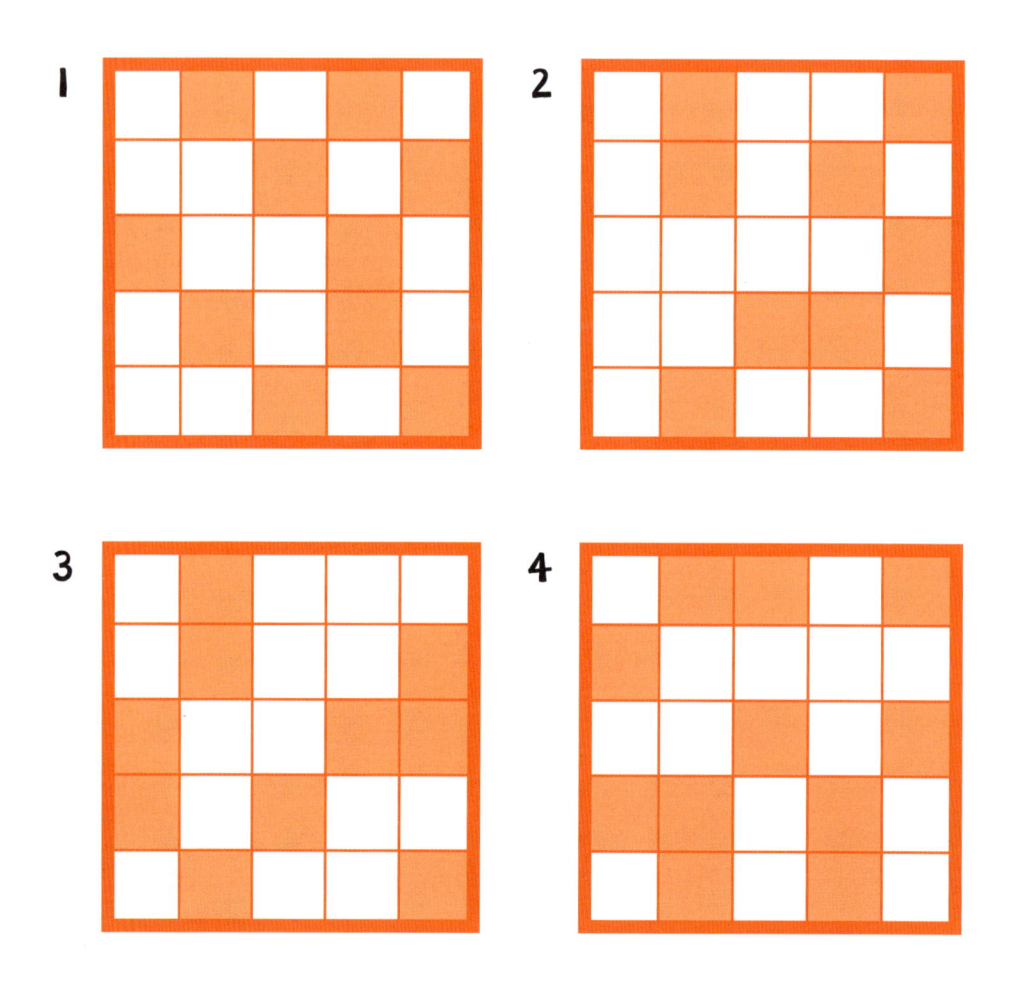

视觉记忆

100 你的名字

请记住下面六个人的名字，然后翻到谜题 102。

刘易斯

莫娜

鲁珀特

斯蒂芬妮

阿玛拉

琼蒂

101 格子重现

请尽可能准确地重现谜题 99 中的网格。

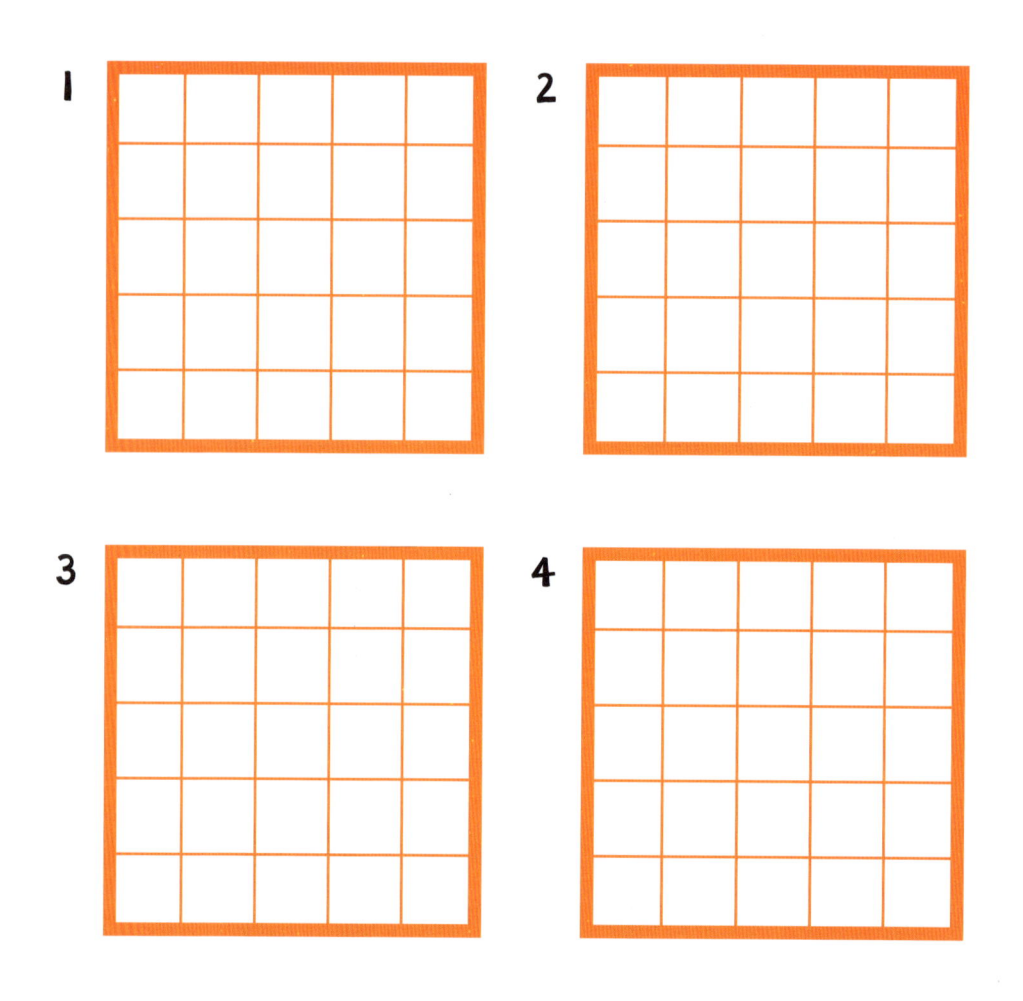

1

2

3

4

* 如果你还没有完成这四个网格，就回到谜题 99，继续记忆，直到准确重现所有网格。

视觉记忆

102 你的名字

你能回忆起谜题 100 中这六个人的名字吗?

_____   _____

_____   _____

_____   _____

103 增加的蔬菜

用大约一分钟的时间记忆下面这些蔬菜,然后翻到谜题115。

防风根

萝卜

甜玉米

南瓜

洋葱

马铃薯

芹菜

黄瓜

青椒

视觉记忆

104 找不同

请记住下面这些物品,然后翻到谜题106。

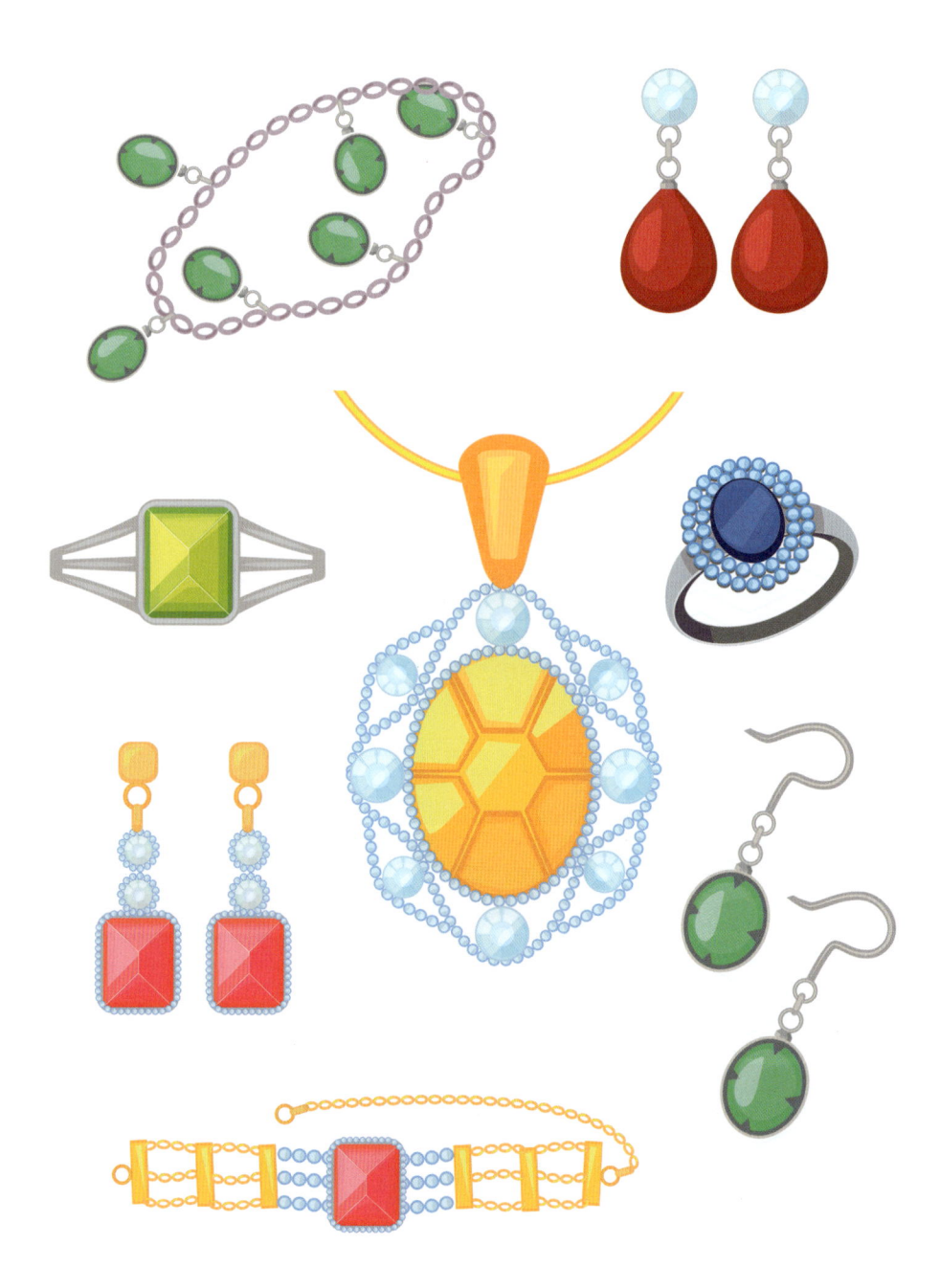

105 国家和首都

请确保你已经记住了谜题 22 中的内容,然后将下表补充完整。

国家	首都
	罗安达
孟加拉国	
	尼科西亚
丹麦	
	阿斯马拉
斐济	
	阿克拉
海地	
	金斯敦
肯尼亚	
	马塞卢
蒙古	
	马那瓜
阿曼	
	亚松森
卡塔尔	
	基加利
萨摩亚	
	阿什哈巴德
乌拉圭	
	河内
也门	
	卢萨卡

视觉记忆

106 找不同

如图所示,谜题 104 中的一些物品已经被替代品取代。请你把这些替代品圈出来。

答案见 192 页

107 元素周期表

请记住这个化学元素表中的元素名及其各自的符号和原子序数，然后翻到谜题 117。

元素	符号	原子序数
氖	Ne	10
氩	Ar	18
钾	K	19
锡	Sn	50
碘	I	53
金	Au	79
汞	Hg	80
铅	Pb	82
铋	Bi	83
𬭊	Db	105

视觉记忆

108 新元素

请记住下面这些物品，然后翻到谜题 111。

109 数字求和

首先记住第一组的四个数字，然后翻到谜题 112。
之后回到这里继续记忆第二组数字。

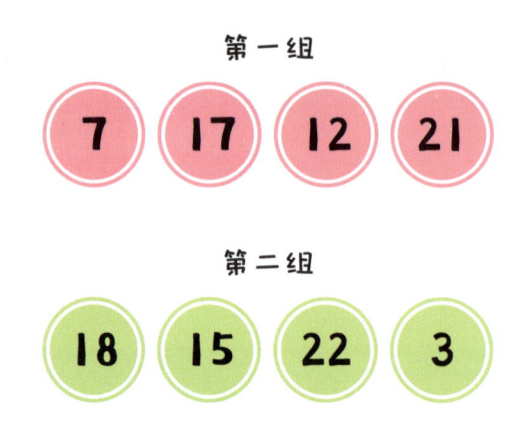

第 一 组

(7)　(17)　(12)　(21)

第 二 组

(18)　(15)　(22)　(3)

110 数字与颜色

记住与下列数字相对应的涂料颜色，然后翻到谜题 113。

(浅绿) 3 4 7 12 17

(深绿) 5 6 8 11

(棕色) 1 9 15

视觉记忆

111 新元素

如图所示，谜题 108 中的六个物品被删除了，并且增加了新物品。请写出被删掉的物品，并圈出新出现的三个物品。

_____   _____   _____

_____   _____   _____

答案见 192 页

112 数字求和

将谜题 109 中你记住的第一组数字里的任意两个数字相加，可以得到下面哪些数字？

第 一 组

18　19　28　29

现在回到谜题 109，记住第二组数字，然后回到这里。将你记住的数字中的任意两个数字相加，可以得到下面哪些数字？（不要去记下面选项中的数字）

第 二 组

27　37　38　47　48

答案见 193 页

数字 / 视觉记忆

113 数字与颜色

现在，用谜题110中各个数字对应的颜色将下图的各个区域涂色。没有对应颜色的数字所在区域都涂上浅蓝色。

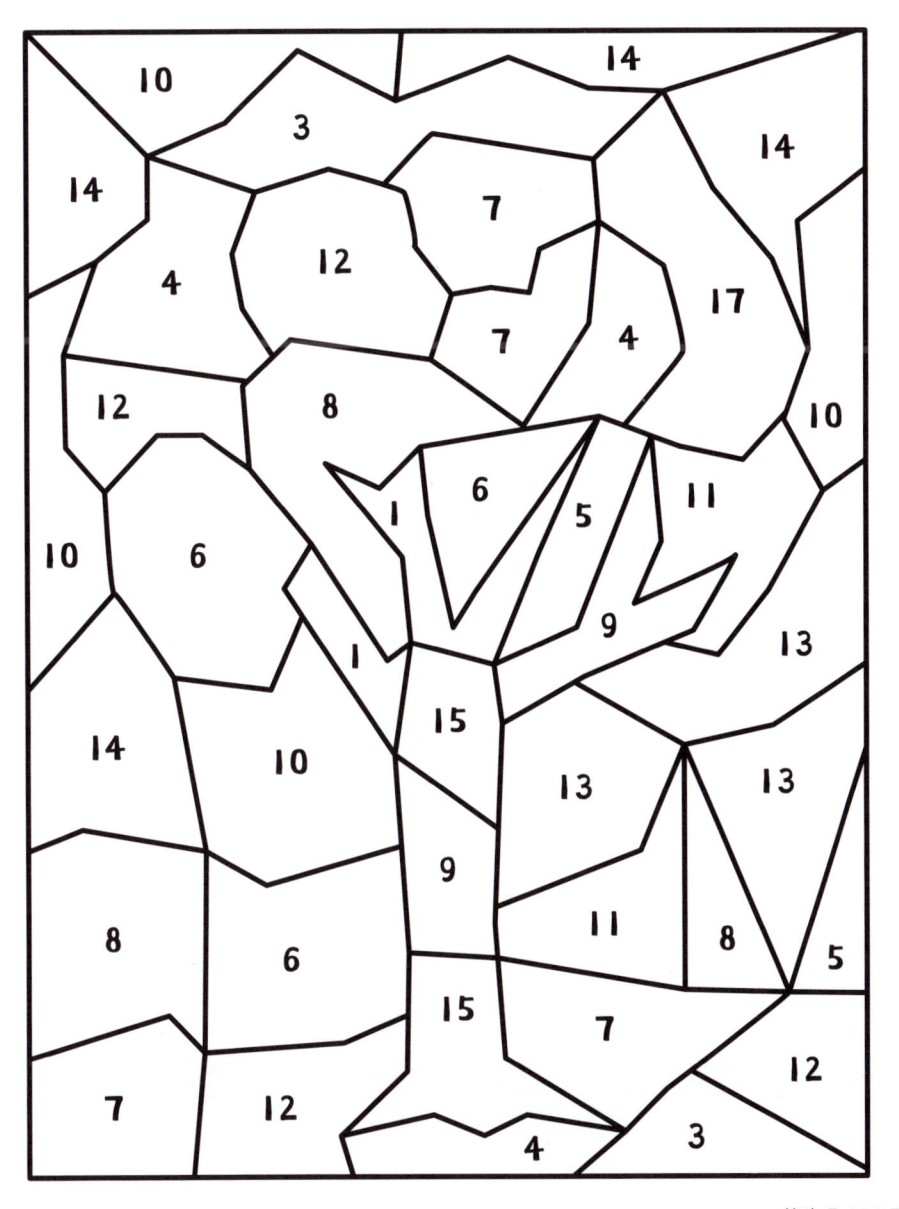

答案见193页

114 购物清单

请尽可能记住下面的杂货购物清单,然后翻到谜题116。

冻豌豆

全麦面包

低卡可乐

番茄汤

长粒米

柠檬果酱

早餐茶

全麦意大利面

海盐

特级初榨橄榄油

长期记忆

115 长期记忆调取4

下面哪四种蔬菜出现在了谜题103的蔬菜列表中？请你把它们都圈出来。

卷心菜

芹菜

大蒜

韭菜

蘑菇

青椒

南瓜

黄瓜

山药

116 购物清单

如下所示，请你补全谜题114购物清单里的商品名字。

冻（ ）（ ）

全麦（ ）（ ）

低卡（ ）（ ）

（ ）（ ）汤

（ ）（ ）米

（ ）（ ）果酱

（ ）（ ）（ ）

（ ）（ ）意大利面

（ ）（ ）

（ ）（ ）（ ）（ ）（ ）（ ）

自然科学记忆

117 元素周期表

请你将下表中缺失的相关内容补全。

元素	符号	原子序数
		10
氩		
钾		19
	Sn	
		53
		79
汞		
	Pb	
		83
		105

115

第6章 记忆技巧的运用

到目前为止，我们已经探讨了各种记忆技巧，现在我们来看看如何利用重复和创意联想的核心思想来帮助我们处理两类潜在的记忆任务。

文本

如果你需要逐字地学习一段文字，比如一个很重要的演讲内容或为某个特殊场合准备的发言稿，那么你可能想知道从哪里开始。你可以做详细的笔记，但最好还是你能直接回忆起自己想说的大部分内容，这样就可以尽可能自信地传达这些话。以下是一些建议：

· 将你的文本划分成比较小的组块，这样更容易学习。你可以根据主题将其分成几部分，因为自然组合在一起的想法更容易记忆。

· 找出最重要的点，或者你绝不能忘记的特定短语。先关注这些，然后看看你是否可以从这里出发去连接其他的想法，等需要它们的时候就会文思泉涌。

· 使用便利贴或者小纸条来提醒自己关键的信息，这样你就不用担心可能完全忘记某些事情。

· 如果你想学习确切的文本片段，可以在几天的时间里反复强化它们，也就是通过多次复习文本来强化记忆。

· 睡个好觉！在你睡觉的时候长期记忆会得到巩固，你可能会发现第二天更容易回忆起前一天努力想记住的东西。

姓名与面孔

我们很擅长识别面孔，但不是每次都能够回忆起与之相对应的名字。幸运的是，有一些方法可以帮助你更容易记住名字：

·当有人告诉你他们的名字时，请注意听！这看起来很容易，但我们经常忘记刚刚认识的人的名字，因为一开始我们并没有很专心。我们可能在考虑接下来要说什么，或者注意到这个人的外貌特征，然后意识到我们并没有真正听清他们的名字。要仔细去听，至少在自己的脑海里重复几遍他们的名字。

·当你听到他们的名字后，也仔细地看看他们的脸。这不仅会给你一个视觉焦点来存储记忆，而且你可能会发现他们的外貌中有某些特点可以帮助你记住他们的名字。比如你遇到一个叫乐乐的人，而她的脸上总是挂着微笑，人如其名，这样当你下次见到她时，就更容易想起她的名字了。

·押韵的昵称可能会帮助你在某人的名字和他们的外貌（或者是你知道的关于他们的其他信息）之间建立联系。如果你遇到一个红头发的人叫菲奥娜，你可能私下里会叫她"红发菲奥娜"。但最好还是只在你的脑海中使用这种押韵或描述性的名字，以免引起不愉快！

118 图案恢复

请记住下图中哪些区域被涂了黄色，哪些区域被涂了蓝色，然后翻到谜题121。

119 重绘图案

请准确记住下图的样子，然后翻到谜题122。

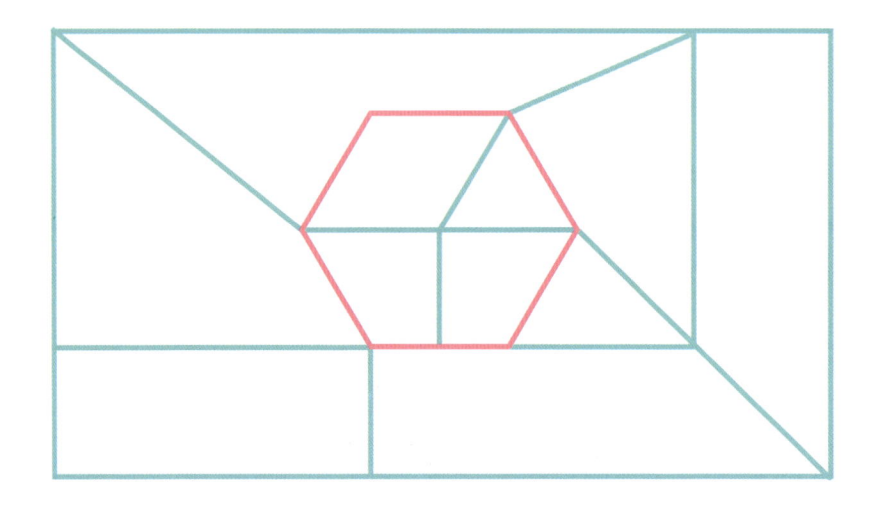

视觉记忆

120 人来人往

记住下面的七张面孔后,翻到谜题 123。

121 图案恢复

请在下图中尽可能准确地再现谜题 118 的图案。

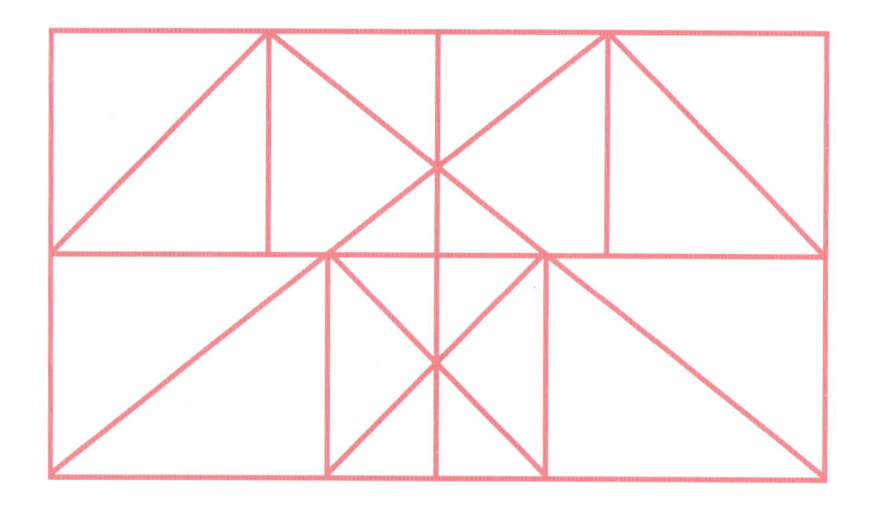

122 重绘图案

请在下图中尽可能准确地重绘谜题 119 的图案。

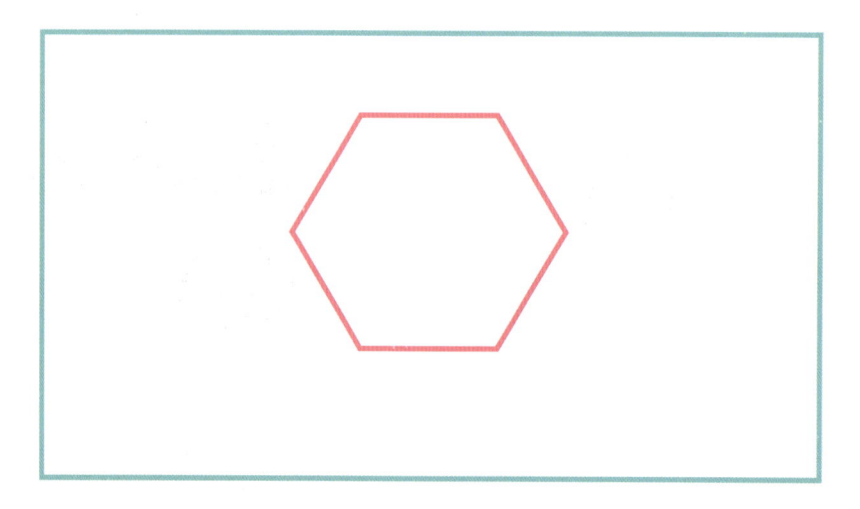

视觉记忆

123 人来人往

如图所示，谜题 120 中的七人里有些离开了，又有些新朋友加入了。请圈出所有新加入的人。

答案见 194 页

124 找不同

仔细观察下图，当你确定已经记下所有细节后，翻到谜题126。

文本记忆

125 词语的顺序

请记住下面这些词语的排列顺序,然后翻到谜题127。

1. 芝士汉堡

2. 蒲公英

3. 杯子

4. 街道

5. 天空

6. 书籍

7. 地板

8. 创意

9. 树

10. 大脑

11. 窗户

12. 幸福

挑战你的大脑　★高效记忆★

视觉记忆

126 找不同

请找出下图与谜题 124 的原图中很明显的五处不同。

答案见 194 页

文本 / 数字记忆

127 词语的顺序

与谜题 125 相比，现在这些词语的排列顺序不同了。请在每个词语前面写出它原本的顺序编号。

_____ 街道   _____ 大脑

_____ 蒲公英   _____ 地板

_____ 天空   _____ 树

_____ 芝士汉堡   _____ 杯子

_____ 创意   _____ 窗户

_____ 幸福   _____ 书籍

128 点对点记忆

观察下面的数字，记住它们的顺序，然后翻到谜题 130。

9 11 2 10 5 7 6 1 4 3 8

129 数字重现

请尽可能记住下面这些数字和它们的顺序。你可以通过观察这些数字排列的规律来记忆。准备好后，翻到谜题132。

7 5 1 2 4 6 3 9 8 0 5 4 3

130 点对点记忆

按照你记住的谜题128里的数字顺序，用直线把下面这些点连起来。完成后，你将得到一幅简单的图画。

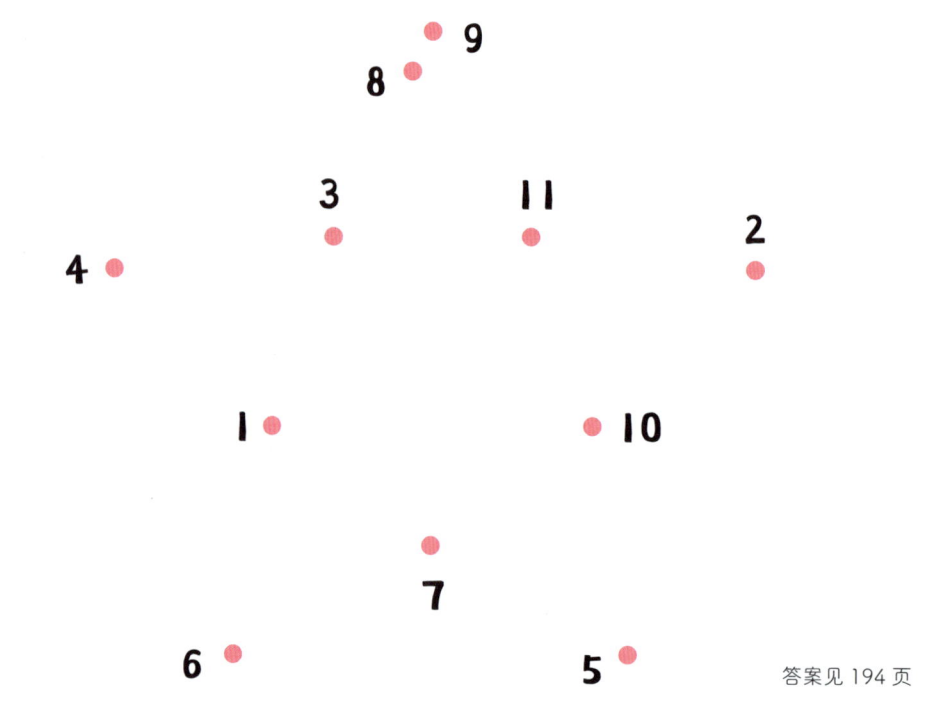

答案见194页

文本记忆

131 段落回忆

请仔细阅读弗朗西斯·斯科特·菲茨杰拉德的《了不起的盖茨比》中的以下段落，然后翻到谜题134。

在我年纪还轻、阅历尚浅时，我的父亲给了我一个建议，它至今仍萦绕在我的心中。

"每当你想批评任何人的时候，"他告诉我，"只需记住，这个世界上并不是所有人都拥有你有过的那些优越条件。"

他没有再多说什么，但我们之间虽然一向话不多，心意却相通，我明白他的意思远不止于此。因此，我就习惯于对所有人保留评判，这个习惯使得许多古怪的人会对我讲心里话，也让我成了不少爱唠叨、惹人厌的人的侵害对象。如果这个特点出现在正常人身上时，心理不正常的人很快就会察觉到，并前来纠缠，所以在上大学时，我就被不公正地指责为一个政客，因为我知道了那些狂野的、不知名的人的秘密的伤心事。大多数的隐私都不是我打听来的——每当我通过某种无误的迹象意识到又有一次倾诉衷肠即将出现在地平线上时，我常常假装睡着，假装心不在焉，或假装表现出一种不怀好意的轻佻；因为年轻人倾诉的衷肠，或者至少他们这些"衷肠"的表达方式，通常是抄袭的，并多有明显的隐瞒。保留判断是表示怀有一种无限的希望。我仍然唯恐错过什么，如果我忘记了（正如我父亲带着优越感所暗示过的，我现在又带着优越感重复的）基本的道德观念是在人出生时就分配不均的。

132 数字重现

请准确地按顺序默写出谜题 129 中的那些数字。

---

133 记忆回溯 2

确保你已经记住谜题 60 和谜题 107 的内容，然后请回答下列几个问题。

1. 哪一种化学元素的原子序数为 50 呢？

2. Db 是什么化学元素？

3. 塞雷娜·威廉姆斯和维纳斯·威廉姆斯一共获得过多少次温布尔登网球赛单打冠军？

4. 汞、铅、铋的原子序数分别是多少？

5. 在比约恩·博格、比利·简·金、鲍里斯·贝克尔三位选手中，谁获得的温布尔登网球赛单打冠军的次数最多？

文本记忆

134 段落回忆

现在请阅读这段与谜题131中几乎相同的文字,其中正好有十处被改动了,请你找出它们吧。

在我年纪还轻、阅历尚浅时,我的父亲给了我一个建议,它至今仍萦绕在我的脑海。

"每当你想批评任何人的时候,"他告诉我,"只需记住,这个世界上并不是所有人都拥有你有过的那些特权。"

他没有再多说什么,但我们之间虽然一向话不多,心意却相通,我明白他的意思远不止于此。因此,我就习惯于对所有人保留判断,这个习惯使得许多古怪的人会对我讲心里话,也让我成了不少爱唠叨、惹人厌的人的侵害对象。如果这个特点出现在正常人身上时,心理奇怪的人很快就会察觉到,并前来纠缠,所以在学校时,我就被不公正地指责为一个政客,因为我知道了那些狂野的、不知名的人的秘密的忧伤。大多数的隐私都不是我打听来的——每当我通过某种无误的迹象意识到又有一次倾诉衷肠正等待着出现在地平线上时,我常常假装睡着,假装心不在焉,或假装表现出一种不怀好意的轻佻;因为年轻人倾诉的衷肠,或者至少他们这些"衷肠"的表达方式,通常是抄袭的,并多有明显的掩饰。保留判断是表示怀有一种无尽的希望。我仍然唯恐错过什么,如果我忘记了(正如我父亲带着优越感所暗示过的,我现在又带着优越感重复的)基本的道德观念是在人出生时就分配不匀的。

答案见195页

135 被删除的布料

请尽量记住这份布料清单,然后翻到谜题 137。

欧根纱

亚麻布

丝绸

牛仔布

丝绒

绒面革

棉

羊毛

缎

灯芯绒

纱布

粗麻布

雪纺

天鹅绒

长期记忆

136 奥斯卡最佳影片

请确保你已经记住了谜题 50 中的内容，现在，请写出下列奥斯卡最佳影片的导演。

首映年份	电影名	导演
1950	《彗星美人》	
1964	《窈窕淑女》	
1972	《教父》	
1979	《克莱默夫妇》	
1982	《甘地传》	
1986	《野战排》	
1991	《沉默的羔羊》	
1997	《泰坦尼克号》	
2002	《芝加哥》	
2010	《国王的演讲》	
2016	《月光男孩》	
2021	《健听女孩》	

137 被删除的布料

请写出谜题 135 的清单中缺失的布料名称。

绒面革

亚麻布

丝绸

棉

欧根纱

牛仔布

纱布

粗麻布

羊毛

灯芯绒

答案见 195 页

文本 / 视觉记忆

138 密码挑战赛

请记住下面这份密码表，然后翻到谜题140。

信用卡密码：4862

家庭保险密码：43racecar34

体育课门密码：40474

语音信箱密码：75048

网上银行密码：1p2i3g4g5y6b7a8n9k

139 寻找道路

请记住下图中的路线，然后翻到谜题142。

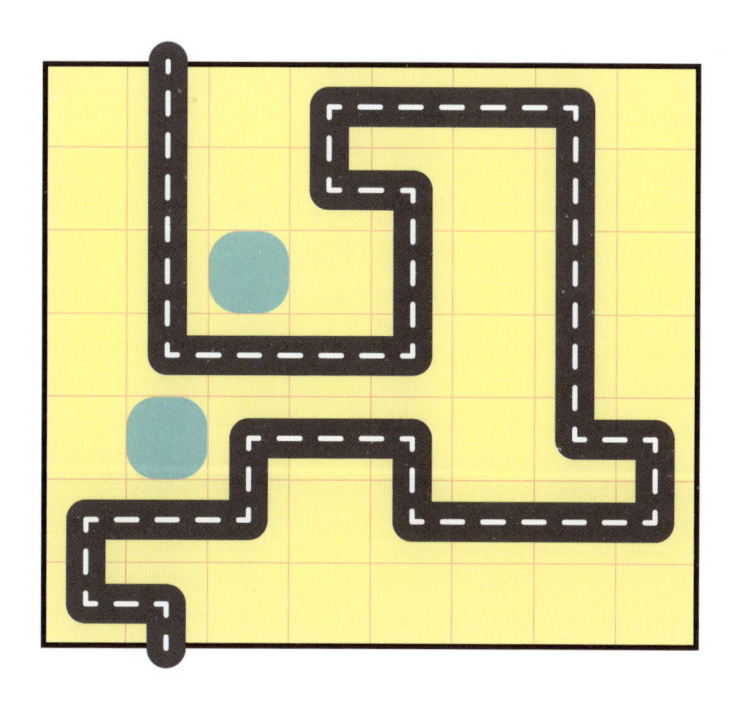

140 密码挑战赛

请回答下面与谜题 138 中的密码表相关的问题。

1. 在 5 个密码中，哪个密码只包含偶数？

2. 网上银行密码是什么？

3. 哪个密码正向读和反向读是相同的？

4. 下列哪个是语音信箱的正确密码？
   a. 75088   b. 50748   c. 75048   d. 70584

5. 信用卡密码里的四位数字相加的和是多少？

自然科学记忆

141 气候知识

请花几分钟时间学习以下信息，在你认为已经记住了其中的关键细节后，翻到谜题143。

★ 大多数天气现象发生在对流层，这是地球大气层的最低层。

★ 风速是使用风速计来测量的。

★ 云的研究被称为云物理学。

★ 雾、霭和云都是自然气溶胶的类型，也就是说，它们是液滴在空气或气体中的悬浮物。

★ 干雷暴是引发野火的主要原因。当雷暴造成的降水在到达地面之前蒸发时，就会发生这种情况。

★ 在大气低层，当温度非常低时，水蒸气直接变成小冰晶飘浮在空中，这一现象被称为"钻石尘"。

★ 一些常见的风有自己的名称。例如，"密史脱拉风"是法国南部吹过的一种冷西北风，而"西洛可风"是从北非吹向地中海的多尘热风。

★ 北极光（拉丁语：aurora borealis）和南极光（拉丁语：aurora australis）是由太阳风撞击大气层造成的。太阳风是从太阳上层大气喷射出来的带电粒子流。

挑战你的大脑 ★高效记忆★

视觉记忆

142 寻找道路

请尽可能准确地绘制出谜题 139 中的路线图。

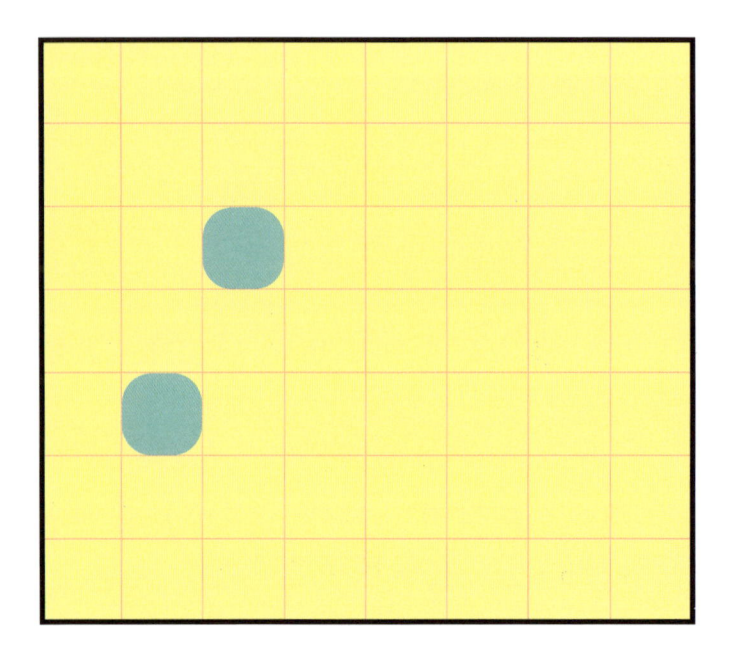

143 气候知识

请你回答下列有关气候的问题。

1. 大多数天气现象发生在地球大气层的哪一层？

2. 风速计是测量什么的？

3. 对云的研究被称为什么？

4. 哪三种东西属于自然气溶胶？

5. 引发野火的主要原因是什么？

6. 小冰晶飘浮在空中的现象叫什么？

7. "密史脱拉风"吹过哪个国家？

8. 南极光的拉丁文名称是什么？

9. 从北非吹向地中海的多尘热风叫什么？

第 7 章 记忆宫殿

我们之前已经探讨过一些具体的记忆技巧，现在让我们退后一步，看看更为普遍的记忆方法。

定桩法

使用"记忆桩"来回忆你需要记住的东西是一种可靠的记忆技巧。定桩是一组你在空闲时预先想过的视觉提示。之后你可以在上面"挂"你后来需要记住的许多信息，就像把外套挂在衣架上一样。

首先是选择或创建一个视觉桩，它应该是你可以清晰地描绘出来的引人注目的东西，并且能够以各种方式操作。比如说，假设你的第一个记忆桩是一根呼吸管，这是你已经预先想过的一个桩，因此，当你需要它时，它就已经存在了。如果你需要记住买橙汁这件事，你就可以想象那根呼吸管像吸管一样插在一杯橙汁里，或者你可以想象自己在一片橙汁的海洋中浮潜的画面。理想的情况是，它应该是非常直观的，并且足够引人注目，这样就容易记住。之后，当想到你的"呼吸管"记忆桩，你就很容易回忆起与它相关的物品。

使用定桩法很高效，因为你的桩是"可回收"的。一旦你确定并记住了一套适合你的独特记忆桩，那么每当你需要时，你就可以在它们上面挂上不同的东西。某天，你可能会用你的记忆桩记住购物清单，而第二天你可能会用它来帮你记住你要演讲的各个部分。只要你在开始时投入了时间和精力来创建这个桩，你就可以反复使用它。

记忆宫殿

你可以创建一个记忆宫殿来提升你的定桩系统。你可以把你需要记住的物品存储在你已经记住的建筑物的"房间"里，而不是随意的桩，也就是你的记忆宫殿。首先，选择一个你已经非常熟悉的建筑物作为基础，它可能是你的家或者是任何你熟悉的真实存在的地方。如果你已经了解房间和里面的东西，那么你就完成了一半的工作。然后你就能在每个房间存储物品。你只需按照预先想过的路线在各个房间走一圈，然后在你走过的房间里"放置"物品。

当你想按照特定的顺序记住物品时，记忆宫殿会特别有帮助。只要你的路线不变，你总是可以按照存储它们的顺序回忆起这些物品。你也不必在每个房间只存储一个物品——你可以在一个房间里放置尽可能多的桩，而且不必每次都全部使用。

随着时间的推移，你可能想为记忆宫殿增加更多的存储空间，那么你可以增加一个额外的房间，扩建阁楼或建一个游泳池，它不必与现实完全相符，只要你能在脑海中清晰地看到它，你就能使用它。

144 格子重现

用二十秒钟左右的时间记住下面的网格1，然后翻到谜题146，尽可能准确地在空白网格1中再现它。然后回到这里，试着记忆网格2，再翻到谜题146重现它。以此类推，记忆并重现网格3和网格4。

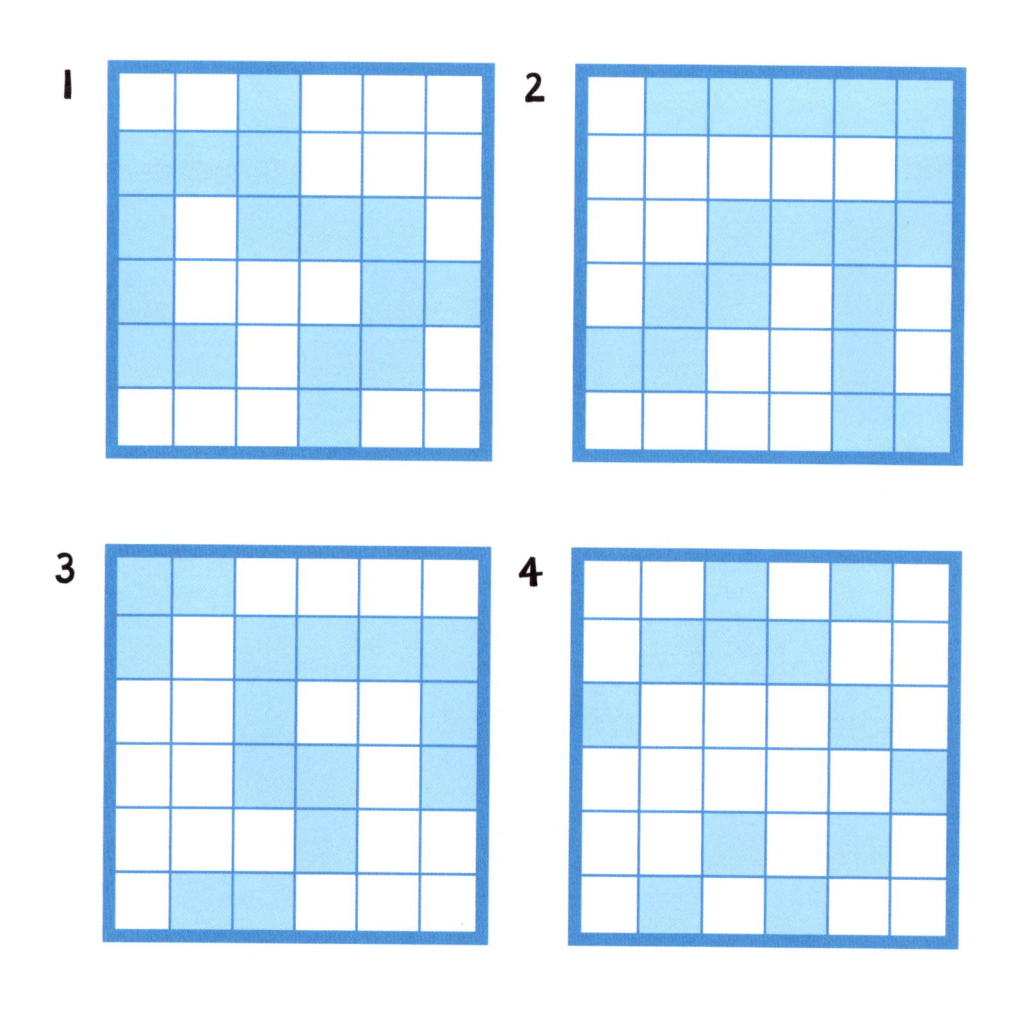

视觉记忆

145 你的名字

请记住下面六个人的名字,然后翻到谜题 147。

萨拉斯瓦蒂

弗农

妮可

格哈德

卡塔莉娜

科林

146 格子重现

请尽可能准确地重现谜题 144 中的网格：

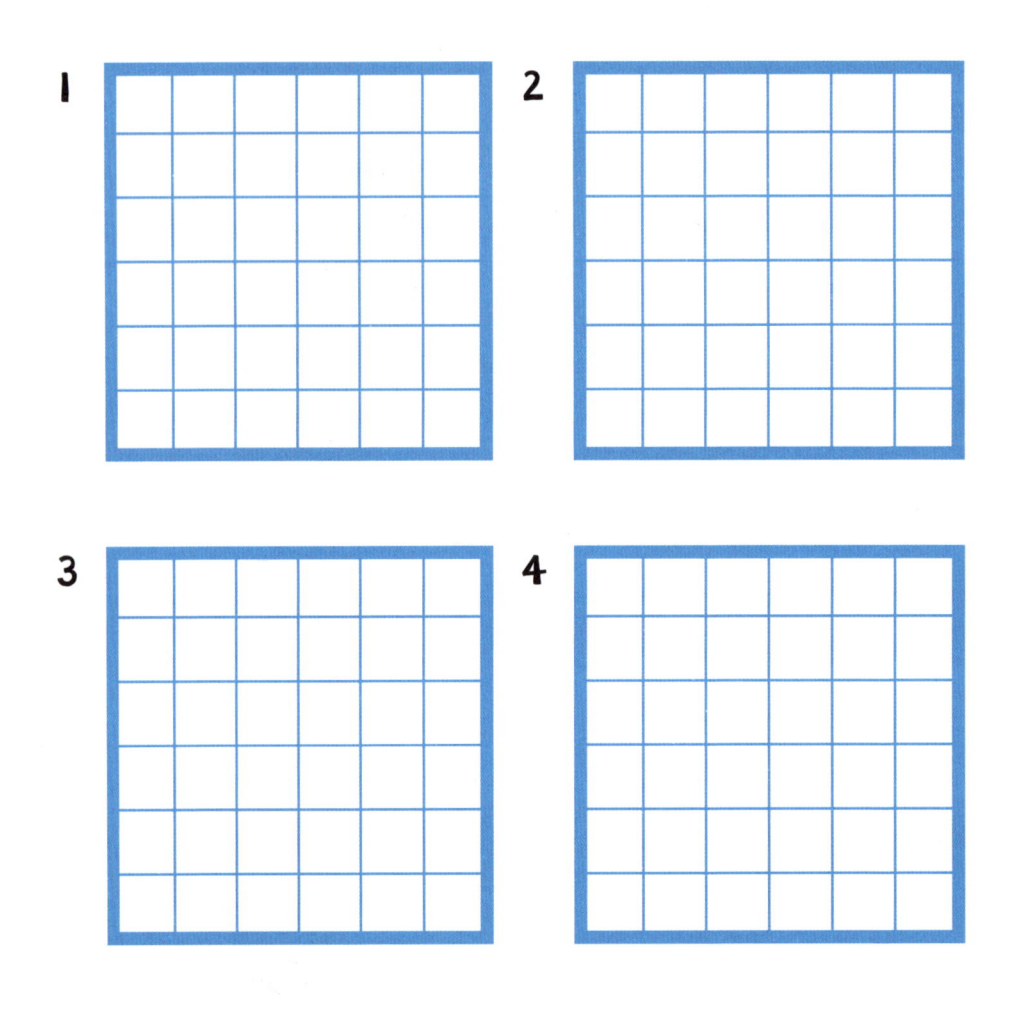

1

2

3

4

* 如果你还没有完成这四个网格，就回到谜题 144，继续记忆，直到准确重现所有网格。

视觉记忆

147 你的名字

你能回忆起谜题 145 中这六个人的名字吗?

_____   _____

_____   _____

_____   _____

148 找不同

请记住下面这些物品,然后翻到谜题 150。

史实记忆

149 举办奥运会

试着记住这份从 1952 年到 2000 年夏季奥林匹克运动会主办城市及国家的名单，然后翻到谜题 163。

主办城市	年份	主办国家
悉尼	2000	澳大利亚
亚特兰大	1996	美国
巴塞罗那	1992	西班牙
汉城（首尔）	1988	韩国
洛杉矶	1984	美国
莫斯科	1980	苏联
蒙特利尔	1976	加拿大
慕尼黑	1972	德国
墨西哥城	1968	墨西哥
东京	1964	日本
罗马	1960	意大利
墨尔本	1956	澳大利亚
赫尔辛基	1952	芬兰

150 找不同

如图，谜题 148 中的一些物品已经被替代品取代，请你把这些替代品圈出来。

答案见 196 页

视觉记忆

151 新元素

请记住下面这些物品,然后翻到谜题 154。

152 数字求和

首先记住第一组的三个数字，然后翻到谜题 155。
之后回到这里继续记忆第二组数字。

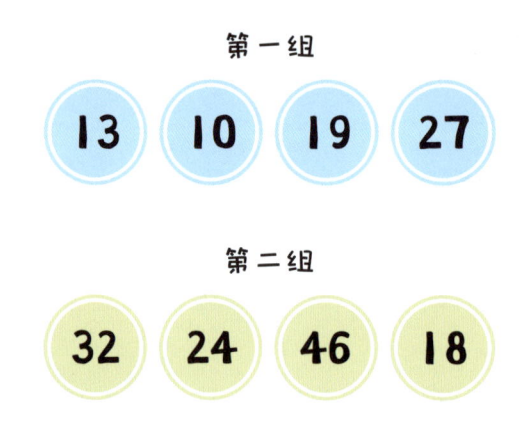

第一组

13　10　19　27

第二组

32　24　46　18

153 数字与颜色

记住与下列数字相对应的涂料颜色，然后翻到谜题 156。

3　　7

4　　9

5　　13

6　　15

> 视觉记忆

154 新元素

如图所示，谜题 151 中的六个物品被删除了，并且增加了新物品。请你写出被删掉的物品，并圈出新出现的六个物品。

_____　_____

_____　_____　_____

答案见 196 页

155 数字求和

将你记住的谜题 152 中第一组数字里的任意两个数字相加，可以得到下面哪些数字？

第一组

26　32　42　46　52

现在回到谜题 152，记住第二组数字，然后回到这里。将你记住的数字中的任意两个数字相加，可以得到下面哪些数字？（不要去记下面选项中的数字）

第二组

38　42　56　64　78

答案见 197 页

数字 / 视觉记忆

156 数字与颜色

现在，用谜题 153 中各个数字对应的颜色将下图的各个区域涂色。没有对应颜色的数字所在区域都涂上浅蓝色。

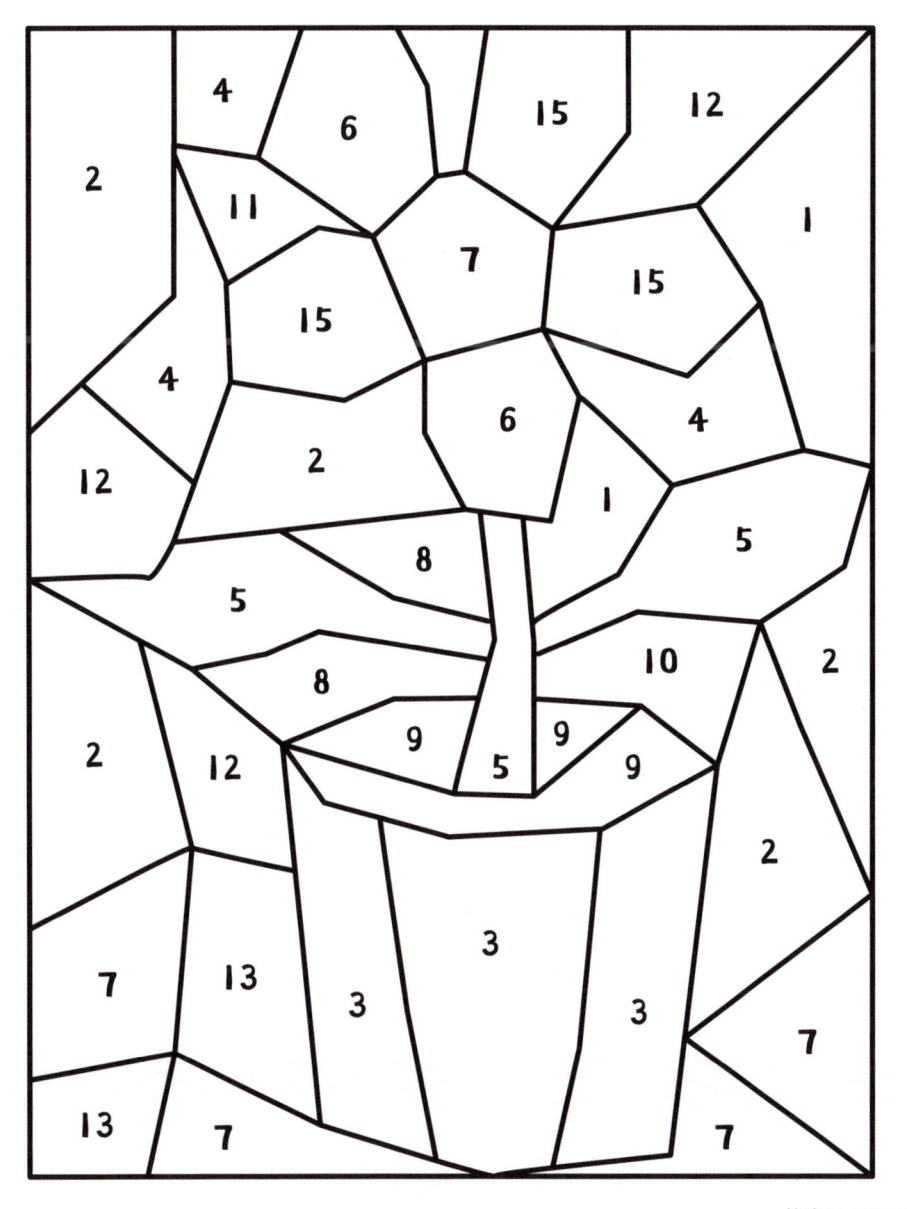

答案见 197 页

157 变化的作家

请尽可能记住这份英国作家姓名表,然后翻到谜题 159。

奥斯汀

勃朗特

克里斯蒂

狄更斯

弗莱明

哈代

米尔恩

谢利

托尔基恩

沃

文本记忆

158 购物清单

请尽可能记住下面的杂货购物清单,然后翻到谜题 161。

安全剪刀

红色纸板

管道清洁器

油漆刷

纸巾

双眼皮贴

泡泡糖

打孔器

橙色彩纸

海绵贴

胶枪

铝箔纸

手工油漆

159 变化的作家

如下所示，这些作家的姓氏现在都已经与他们的名字或缩写连在一起，并且顺序也与谜题 157 中不同。请问，哪两个名字是新出现的？它们替换了哪两个名字？

A.A. 米尔恩　　　　　伊夫林·沃

阿加莎·克里斯蒂　　乔治·奥威尔

奥尔德斯·赫胥黎　　伊恩·弗莱明

查尔斯·狄更斯　　　简·奥斯汀

艾米莉·勃朗特　　　托马斯·哈代

答案见 197 页

160 长期记忆调取 5

请确保你已经记住了谜题 145 的内容。现在，你还能记起这六个人的名字吗？请写出来吧。

文本记忆

161 购物清单

请你补全谜题 158 的购物清单中缺失的商品。

安全( )( )

( )( )纸板

( )( )( )( )( )

( )( )( )

纸( )

( )( )( )贴

( )( )( )

( )( )( )

橙色( )( )

( )( )贴

( )( )

( )( )纸

手工( )( )

162 国家和首都

请确保你已经记住了谜题 22 中的内容。现在，请你补全这份国家及其首都的对应表。

国家	首都
	阿什哈巴德
安哥拉	
	马那瓜
塞浦路斯	
	卢萨卡
厄立特里亚	
	蒙得维的亚
越南	
	阿皮亚
也门	
	苏瓦
卢旺达	
	阿克拉
海地	
	内罗毕
莱索托	
	马斯喀特
丹麦	
	达卡
牙买加	
	亚松森
卡塔尔	
	乌兰巴托

视觉记忆

163 举办奥运会

请回答下列关于 1952 年至 2000 年夏季奥林匹克运动会主办城市及国家的相关问题。

1. 赫尔辛基在哪一年举办了奥林匹克运动会?

_____

2. 2000 年的奥林匹克运动会在哪个国家举办?

_____

3. 日本是哪一年奥林匹克运动会的主办国?

_____

4. 美国的哪两个城市举办过奥林匹克运动会?各自是在哪一年?

_____

5. 名单上有五个城市位于欧洲,分别是哪些城市?

_____

第8章 不断练习，挑战自我

在前面几章，我介绍了各种技巧来帮助你增强记忆力，从记住一个人的名字到构建一个可以伴你一生的记忆宫殿。然而，仅仅阅读这些方法并不能让你一夜之间成为记忆大师。你可能会花一天的时间创建一套很好的记忆桩以备不时之需，但后来发现由于自己不常用，并不能牢牢地记住它们。想要让这些技巧成为日常生活中的工具，关键就是要练习。你可能还需要扩展你的技巧库，学习一些本书中未列出的记忆技巧。例如，如果你希望将数字钉在记忆桩上，那么通常需要你学习一个单独的数字符号系统。

你的记忆，就和你身体的其他部分一样，在它保持健康和活跃时状态最好。每天留出五分钟让大脑进行记忆挑战，可以确保你的记忆始终处于良好的工作状态。通过定期练习，你会知道在你真正需要的时候，你可以完全依赖你的记忆。

除了本书中的众多谜题，以下还有一些你每天可以尝试的练习方法。它们都不需要花费大量时间来完成，但你可能会惊讶地发现，这些小而持续的挑战是如何增强你的记忆力的：

·尝试写出你前一天晚上吃了什么，或者，如果你是自己做的晚饭，你使用的食谱是什么。写完后，返回检查(如果可以的话)你是否记住了所有的东西。

·挑战去记住某个紧急联系人的电话号码。使用分组块技巧，并不断重复，直到你认为你已经熟记于心。然后，当你准备好的时候，给他们打个电话，看看你是否成功了。

·使用定桩法记住当天需要完成的任务列表。记住，幽默或不寻常的视觉形象将有助于你回忆列表上的所有东西，所以在你的联想中尽可能地发挥想象力吧。

·使用你创建的记忆宫殿来记住你的购物清单，然后尝试在没有任何书面提示的情况下去超市购物。在某种程度上，当你看到打折的物品时，你自然会回忆起某些需要采购的物品，但是，经过足够的练习，你的记忆宫殿应该能为你完成这项任务！

随着时间的推移，你可能会发现你会不自觉地更加注意人们的名字，甚至有意识地记住前一天吃的东西。如果你觉得你的记忆练习变得太简单了，就换种方法！当面临新的和多样化的挑战时，你的大脑会工作得最好，并且，通过练习，你应该发现自己能更好地记住更广泛和丰富的信息。

164 图案恢复

请记住下图中哪些区域被涂了黄色，哪些区域被涂了绿色，然后翻到谜题167。

165 重绘图案

请准确记住下图的样子，然后翻到谜题168。

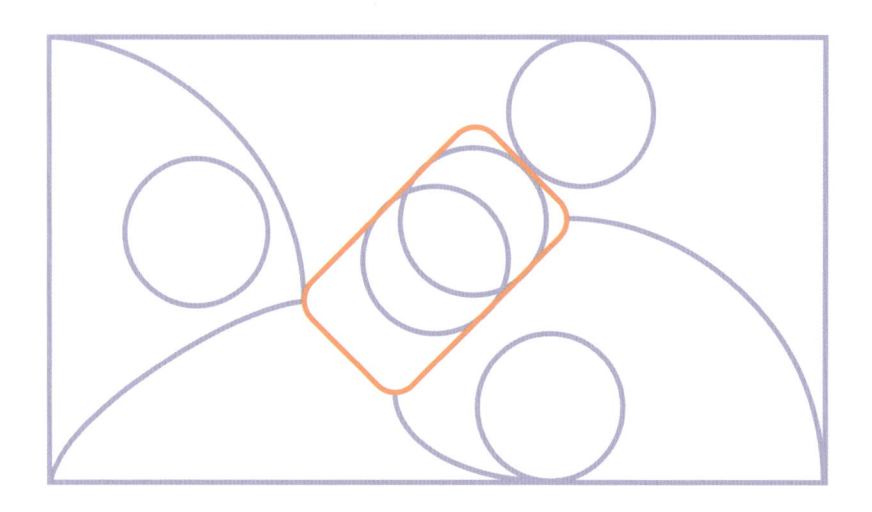

视觉记忆

166 人来人往

记住下面的八张面孔后,翻到谜题 169。

167 图案恢复

请在下图中尽可能准确地再现谜题 164 的图案。

168 重绘图案

请在下图中尽可能准确地重绘谜题 165 的图案。

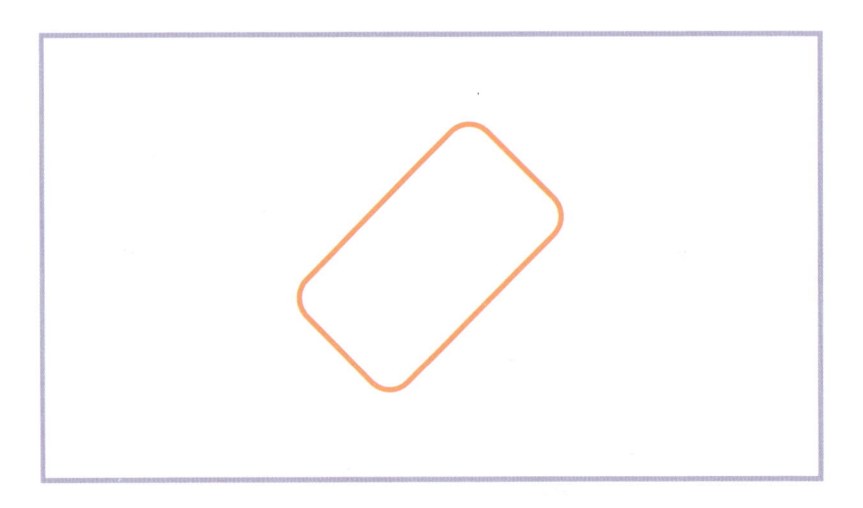

视觉记忆

169 人来人往

如图所示，谜题 166 中的八人里有些人离开了，又有些新朋友加入了。请圈出所有新加入的人。

答案见 198 页

挑战你的大脑　★高效记忆★

视觉记忆

170 找不同

仔细观察下图，当你确定已记下所有细节后，翻到谜题172。

文本记忆

171 记住顺序

请记住下面这些词语的顺序，然后翻到谜题 173。

1. 麻烦
2. 突发奇想
3. 流畅的
4. 背道而驰
5. 分歧
6. 智慧
7. 音调
8. 空灵
9. 火蜥蜴
10. 橱柜
11. 聚会
12. 宇宙
13. 餐具
14. 吸尘器

挑战你的大脑 ★高效记忆★

视觉记忆

172 找不同

请你找出下图与谜题 170 的原图中很明显的五处不同。

答案见 198 页

文本 / 数字记忆

173 记住顺序

与谜题 171 相比，下面这些词语的排列顺序不同了。请在每个词语旁边写出它原本的顺序编号。

_____ 橱柜　　　　_____ 音调

_____ 吸尘器　　　_____ 智慧

_____ 流畅的　　　_____ 宇宙

_____ 麻烦　　　　_____ 聚会

_____ 分歧

174 点对点记忆

观察下面的数字，记住它们的顺序，然后翻到谜题 176。

7　5　3　17　1　15　9
8　10　20　6　4　12

175 数字重现

请尽可能记住下面这些数字和它们的顺序。你可以通过观察这些数字排列的规律来记忆。准备好后，翻到谜题 178。

1 0 9 8 9 7 1 1 2 1
3 2 5 6

176 点对点记忆

按照你记住的谜题 174 里的数字顺序，用直线把下面这些点连起来。完成后，你将得到一幅简单的图画。

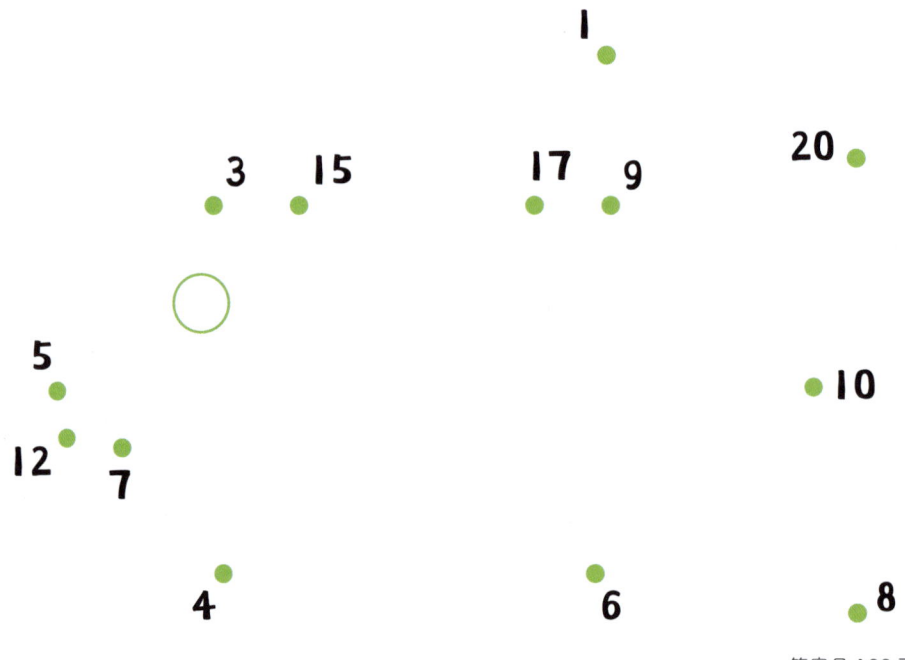

答案见 198 页

文本记忆

177 段落回忆

请仔细阅读阿瑟·柯南·道尔的《福尔摩斯探案集》中的以下段落，然后翻到谜题180。

夏洛克·福尔摩斯始终称呼她为"那位女士"。我很少听到他提到她时用过其他称呼。在他眼中，她以一个女性的全部魅力，让所有的女性黯然失色。这并不是因为他对艾琳·艾德勒有任何类似于爱的情感。对他那颗冷酷、严谨而理性得令人钦佩的头脑来说，所有的情感，尤其是爱情，都是格格不入的。我认为，他是这个世界上最完美的推理和观察机器。但作为一个情人，他却会把自己放在一个错误的位置上。他从来不说温情脉脉的话，只有嘲讽和冷笑。对观察者来说，这些温情的话却是令人钦佩的东西——因为它们非常适合揭开人们动机和行为的面纱。但对训练有素的推理者来说，允许这种干扰入侵到他那敏感细致的性格中，就会分散他的精力，使他对他所有的推理结果产生怀疑。精密的仪器中落入砂粒，或是高倍镜头上出现了一个裂缝，都不会比在他这样的性格中掺入一种强烈的感情更起干扰作用了。然而只有一个女人，她就是已故的艾琳·艾德勒，至今还存在于他那暧昧、可疑的记忆中。

178 数字重现

请准确地按顺序默写出谜题 175 中的那些数字。

---

179 记忆回溯3

请确保你已经记住了谜题 107 和谜题 149 中的内容，现在，请回答下面的几个问题。

1. 慕尼黑夏季奥林匹克运动会是在哪一年举办的？

2. 从 1952 年起，在其后的 50 年中，哪两年的夏季奥林匹克运动会是在美国举办的？

3. I、K 和 Ne 分别是哪个化学元素的原子符号？

4. 从 1952 年起，在其后的 50 年中，哪两年的夏季奥林匹克运动会是在澳大利亚举办的？

5. 氩的原子序数是多少？

6. 1952 年、1960 年和 1980 年的夏季奥林匹克运动会分别在哪里举办？

文本记忆

180 段落回忆

现在请阅读这段与谜题 177 中几乎相同的文字,其中正好有十处被改动了,请你找出它们吧。

夏洛克·福尔摩斯永远称呼她为"那位女士"。我很少听到他提到她时用过其他称呼。在他眼中,她以一个女性的全部魅力,让所有的女性黯然失色。这并不是因为他对艾琳·艾德勒有什么类似于爱的情感。对他那颗冷酷、严谨而理性得令人钦佩的头脑来说,所有的情感,特别是爱情,都是令他厌恶的。我认为,他是这个星球上最完美的推理和观察机器。但作为一个情人,他却会把自己放在一个错误的位置上。他从来不说温情脉脉的话,只有奚落和冷笑。对观察者来说,这些温情的话却是令人钦佩的东西——因为它们非常适合揭开人们动机和行为的面纱。但对经过实践的推理者来说,允许这种干扰入侵到他那敏感细致的性格中,就会分散他的精力,使他对他所有的推理结果产生怀疑。精密的仪器中落入砂粒,或是高倍镜头上出现了一个碎屑,都不会比在他这样的性格中掺入一种强烈的感情更令人担忧了。然而只有一个女人,她就是已故的艾琳·艾德勒,至今还存在于他那暧昧、模糊的记忆中。

答案见 199 页

181 奥斯卡最佳影片

请确保你已经记住了谜题 50 中的内容,现在,请你补全奥斯卡最佳影片表中缺失的信息。

首映年份	电影名	导演
	《国王的演讲》	
1972		
	《彗星美人》	约瑟夫·曼凯维奇
2016		
	《克莱默夫妇》	
		詹姆斯·卡梅隆
	《甘地传》	
2021		
	《芝加哥》	
1964		乔治·库克
1986		
	《沉默的羔羊》	

文本 / 视觉记忆

182 密码挑战赛

请记住下面这份密码表，然后翻到谜题 184。

会员卡密码：0763
照片云密码：4nn1v3r54ry
防盗报警器密码：597929
办公室内联网密码：encyclopedia82!
工作电话解锁密码：840527
电费账户密码：000896745

183 寻找道路

请记住下图中的路线，然后翻到谜题 186。

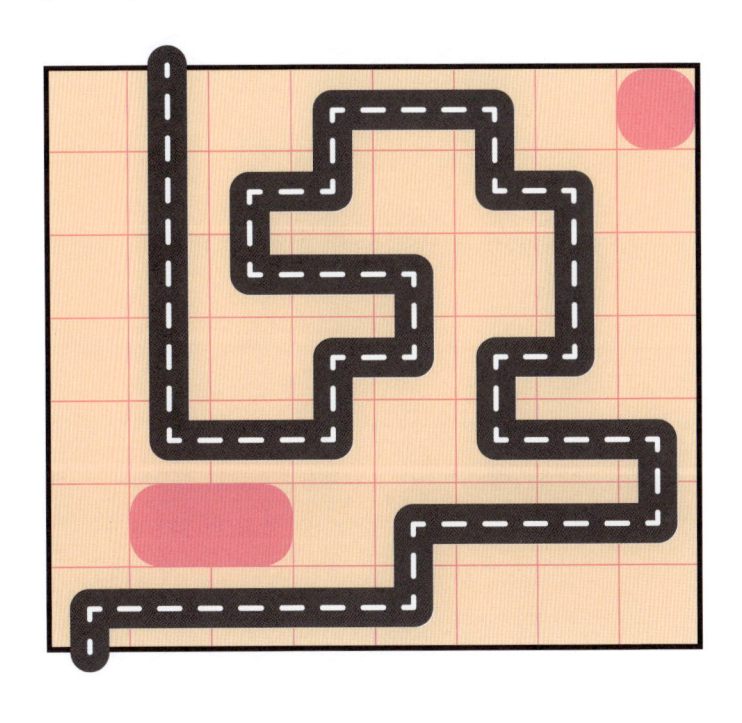

184 密码挑战赛

请回答下面与谜题 182 中的密码表相关的问题。

1. 哪个密码的位数最多？

_____

2. 办公室内联网的密码是什么？

_____

3. 840527 是什么的密码？

_____

4. 会员卡密码是什么？

_____

5. 防盗报警器的密码中含有几个"9"？

_____

6. 下面哪一个是照片云的密码？

a. Annlv3r54ry   b. 4nnlv3r5Ary

c. 4NnIvEr54ry   d. 4nnlv3r54ry

_____

史实记忆

185 欧洲之声

请花几分钟时间学习以下信息，在你认为已经记住了关键细节后，翻到谜题187。

★ "欧洲歌唱大赛"——通常简称为"欧洲之声"——自1956年起每年举办一次（2020年除外）。

★ 自比赛创办之日起，共有52个国家至少参加过一次，尽管第一届比赛只有七个国家参与。

★ 1956年的首届比赛在瑞士的卢加诺举行。

★ 第一个冠军是莱斯·阿西亚，她代表瑞士参赛，并演唱了歌曲《副歌》。

★ 1974年，ABBA（阿巴乐队）代表瑞典参赛，并凭借歌曲《滑铁卢》赢得了冠军。

★ 1976年，澳大利亚歌手奥莉维亚·纽顿-约翰代表英国参赛，凭借歌曲《爱情万岁》获得第四名。

★ 2015年，澳大利亚首次作为"特邀嘉宾"参加了比赛。在接下来的一年，澳大利亚再次参赛，并获得第二名。

★ 最年轻的冠军是桑德拉·金，1986年，她在挪威卑尔根夺冠时只有13岁。这是比利时首次获得冠军。

186 寻找道路

请尽可能准确地绘制出谜题 183 中的路线图。

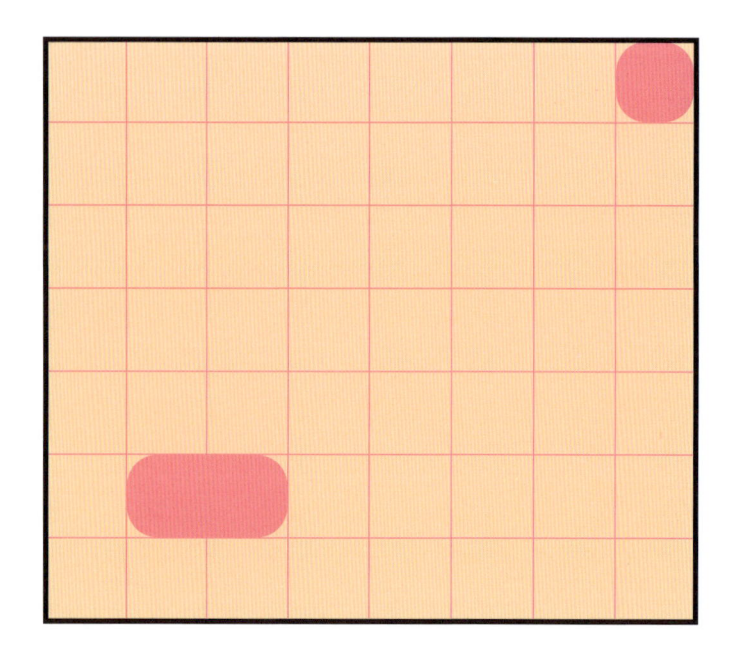

史实记忆

187 欧洲之声

请你回答下列有关"欧洲之声"的相关问题。

1. 第一届"欧洲之声"在瑞士的哪个城市举办?

2. 第一届比赛有几个国家参加?

3. ABBA乐队在哪一年凭借《滑铁卢》夺冠?

4. 奥莉维亚·纽顿-约翰在1976年的比赛中获得了第几名?

5. 有史以来最年轻的冠军是谁,她夺冠的时候几岁?

6. 哪位歌手凭借歌曲《副歌》帮助瑞士夺得了首个冠军?

7. 共有多少个国家参加过这项比赛?
澳大利亚首次作为"特邀嘉宾"参赛是在哪一年?

第1章 认识你的记忆力

7 增加的词语

卷心菜、天花板、开瓶器。

8 找不同

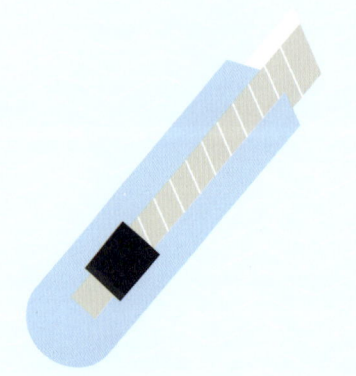

14 新元素

被删掉的物品：

手表、小狗、咖啡、耳机。

新加的物品：

15 数字求和

第一组：27，31；第二组：25，39。

16 数字与颜色

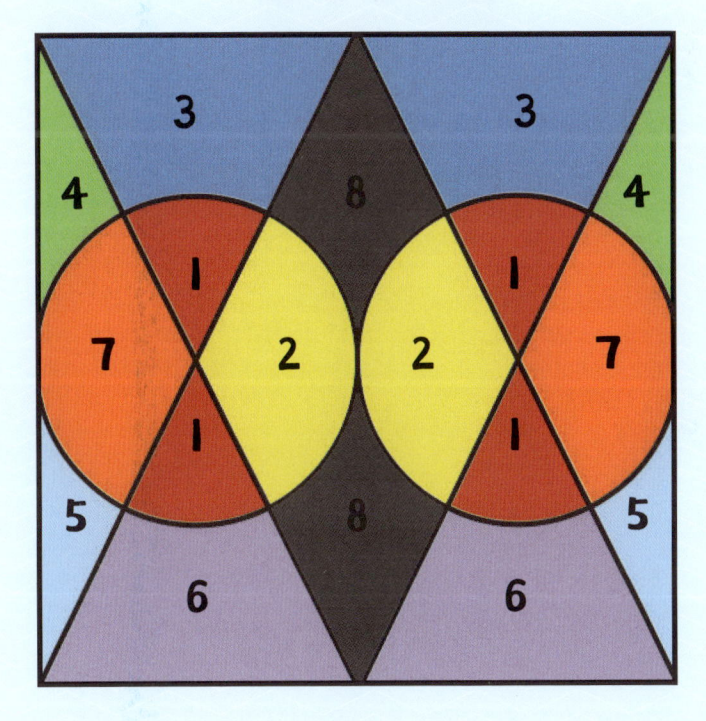

19 变化的动物

水牛、狐狸、考拉。

参考答案

第 2 章 记忆的类型

29 人来人往

32 找不同

36 点对点记忆

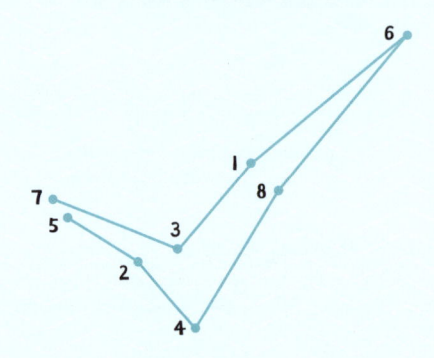

186

40 段落回忆

一个举世公认的 定理 是，一个单身男人如果 腰缠万贯，就一定想娶一位太太。

这样的一个人，初次搬到一个 村庄，他的感情和见解虽然很少为人所知，周围的人家却把这条真理牢牢地铭记在心中，以致把他看作自己某一个女儿理当得到的一笔合法"财产"。

"亲爱的贝内特先生，"有一天，他的 太太 对他说，"你听说内瑟菲尔德庄园已经租出去了吗？"

贝内特先生回答说没有。

"但已经租出去了，"她回道，"朗格太太刚来过这里，她把一切都告诉我了。"

贝内特先生没有 回应。

"难道你不想知道是谁租的吗？"贝内特太太不耐烦地提高了嗓门。

"你想说的话，我听听也行。"

这对贝内特太太来说，已经是足够的 鼓励 了。

"哎呀，亲爱的，你一定得知道。朗格太太说内瑟菲尔德庄园的主人是一个从英格兰 南 部来的 年轻富商。星期一那天，他坐着一辆 厢式 四轮马车来看房子，对这个地方非常满意，当天就跟莫里斯先生签订了协议。他要在 圣诞节 前入住，他的几个仆人会在下周末之前搬进来。"

第 3 章 记忆的要领

57 增加的国家

毛里塔尼亚、澳大利亚、瑙鲁。

58 找不同

64 新元素

被删除的三个物品：

眼镜、水杯、直尺。

新出现的物品：

参考答案

65 数字求和

第一组：36；第二组：43。

66 数字与颜色

69 变化的名册

曼纽尔、伊丽莎白、朱丽叶特、基伦、萨马拉。

189

第 4 章 常见的记忆技巧

79 人来人往

82 找不同

86 点对点记忆

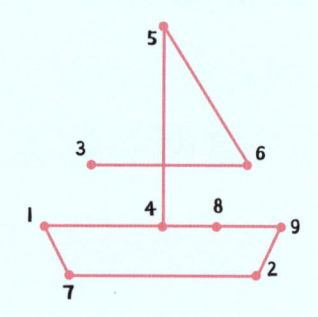

90 段落回忆

爱丽丝开始厌倦了和姐姐一起坐在 **岸上**，无所事事：有一两次，她偷看了姐姐正在看的书，但里面既没有图画，也没有对话。爱丽丝想："一本没有图画和对话的书有什么用呢？"

温暖 的天气让她感到非常困倦和迷糊，但她还是尽可能地盘算着，做一个雏菊花环的乐趣能否抵过起身摘 **花朵** 的麻烦呢？突然，一只长着 **红色** 眼睛的小白兔从她身边跑过。

这并没有什么 **特别** 的，爱丽丝也这么觉得，甚至听到小白兔自言自语地说："亲爱的！哦，天哪！我要迟到了！"她也没觉得奇怪。过后她仔细想了想，觉得自己应该感到奇怪的，但当时这一切似乎都很 **正常**。当兔子竟然从马甲袋里拿出一块表看了看，又 **急匆匆** 地走了时，爱丽丝站了起来，因为她突然想到，她从来没有见过一只兔子有马甲袋，也从来没有见过一只兔子有手表。于是，她 **带着疑问**，跑过 **草地** 去追它。幸运的是，她正好看到它跳进了树篱下的一个 **小** 兔子洞里。

94 缺失的词

水、丰饶。

第5章 更多常见的记忆技巧

106 找不同

111 新元素

被删掉的物品：

按摩梳子、钱包、全家福、2把钥匙、信息卡、火柴。

新出现的物品：

112 数字求和

第一组：19，28，29；第二组：37。

113 数字与颜色

第6章 记忆技巧的运用

123 人来人往

126 找不同

130 点对点记忆

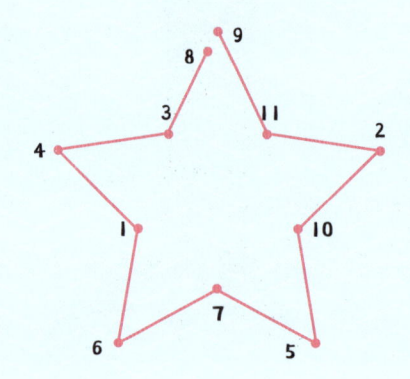

134 段落回忆

在我年纪还轻、阅历尚浅时,我的父亲给了我一个建议,它至今仍萦绕在我的 脑海 。

"每当你想批评任何人的时候,"他告诉我,"只需记住,这个世界上并不是所有人都拥有你有过的那些 特权 。"

他没有再多说什么,但我们之间虽然一向话不多,心意却相通,我明白他的意思远不止于此。因此,我就习惯于对所有人保留 判断 ,这个习惯使得许多古怪的人会对我讲心里话,也让我成了不少爱唠叨、惹人厌的人的侵害对象。如果这个特点出现在正常人身上时,心理 奇怪 的人很快就会察觉到,并前来纠缠,所以在 学校 时,我就被不公正地指责为一个政客,因为我知道了那些狂野的、不知名的人的秘密的 忧伤 。大多数的隐私都不是我打听来的——每当我通过某种无误的迹象意识到又有一次倾诉衷肠 正等待着 出现在地平线上时,我常常假装睡着,假装心不在焉,或假装表现出一种不怀好意的轻佻;因为年轻人倾诉的衷肠,或者至少他们这些"衷肠"的表达方式,通常是抄袭的,并多有明显的 掩饰 。保留判断是表示怀有一种无 尽 的希望。我仍然唯恐错过什么,如果我忘记了(正如我父亲带着优越感所暗示过的,我现在又带着优越感重复的)基本的道德观念是在人出生时就分配不 匀 的。

137 被删除的布料

丝绒、缎、雪纺、天鹅绒。

第 7 章 记忆宫殿

150 找不同

154 新元素

被删除的物品：

棕色公文包、日记本、剪刀、胶带、曲别针、笔记本电脑。

新出现的物品：

155 数字求和

第一组：32，46；第二组：42，56，64，78。

156 数字与颜色

159 变化的作家

新出现的名字：

奥尔德斯·赫胥黎、乔治·奥威尔。

被替换的名字：

谢利、托尔金。

参考答案

第8章 不断练习，挑战自我

169 人来人往

172 找不同

176 点对点记忆

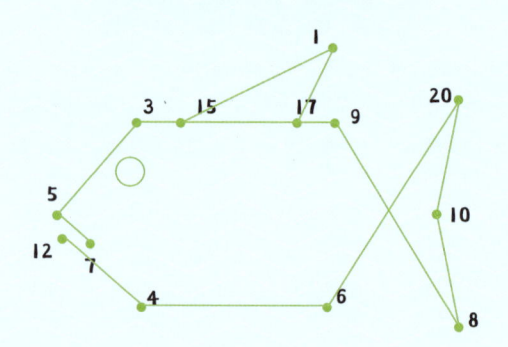

198

180 段落回忆

夏洛克·福尔摩斯 永远 称呼她为"那位女士"。我很少听到他提到她时用过其他称呼。在他眼中，她以一个女性的全部魅力，让所有的女性黯然失色。这并不是因为他对艾琳·艾德勒有 什么 类似于爱的情感。对他那颗冷酷、严谨而理性得令人钦佩的头脑来说，所有的情感， 特别 是爱情，都是 令他厌恶 的。我认为，他是这个 星球 上最完美的推理和观察机器。但作为一个情人，他却会把自己放在一个错误的位置上。他从来不说温情脉脉的话，只有 奚落 和冷笑。对观察者来说，这些温情的话却是令人钦佩的东西——因为它们非常适合揭开人们动机和行为的面纱。但对 经过实践 的推理者来说，允许这种干扰入侵到他那敏感细致的性格中，就会分散他的精力，使他对他所有的推理结果产生怀疑。精密的仪器中落入砂粒，或是高倍镜头上出现了一个 碎屑 ，都不会比在他这样的性格中掺入一种强烈的感情更 令人担忧 了。然而只有一个女人，她就是已故的艾琳·艾德勒，至今还存在于他那暧昧、 模糊 的记忆中。